T0326892

Friedrich **Achleitners Blick**
auf Österreichs Architektur nach 1945

Mit großzügiger Unterstützung der
RD FOUNDATION VIENNA
Research | Development | Human Rights
sowie des
Architekturzentrum Wien | Sammlung
Foto Friedrich Achleitner

Linzer Vorlesungen
Herausgegeben von der Kunstuniversität Linz
Roland Gnaiger | die architektur

Friedrich **Achleitners Blick** auf Österreichs Architektur nach 1945

Birkhäuser
Basel

Der Achleitner

Reinhard Kannonier

Rektor, Kunstuniversität Linz, Jänner 2015

Was über ihn und Architektur zu sagen ist, sagen hier Kompetentere. Ich habe Friedrich Achleitner erst vor einigen Jahren persönlich kennengelernt. Er hatte sich bereit erklärt, in einer Jury zur Auslobung eines Preises für Architektur-Studierende der Kunstuniversität Linz mitzuwirken. In dieser Jury war auch der frisch gebackene Pritzker-Preisträger Peter Zumthor. Ich bemerkte, mit welcher Hochachtung und zugleich Lockerheit die beiden Ungleichen miteinander umgingen – und verstand, warum jene, die Achleitner schon länger und besser kannten, von seiner Persönlichkeit so beeindruckt sind.

⁋   Als Germanistikstudent im Graz der frühen 1970er Jahre begegnete ich im Umfeld des Forum Stadtpark allerdings schon bald der »Wiener Gruppe« und damit auch ihm. Ich erfuhr, dass der »biertrinker« Furore im *1. literarischen cabaret* in Wien gemacht hatte, und einige Jahre später beschäftigte ich mich mit konkreter Poesie und natürlich auch mit seinem *quadrat-roman*. Der war schon etwas weniger weit entfernt von der Architektur als das graue Schwechater Bier, aber immer noch weiter als ich von der Architektur. Sehr viel später, marginal eintauchend in sein epochales Œuvre, war wiederum die Sprache mein subjektives Einfallstor: »... keine trockenen Objekt-Beipacktexte ... Momente frostiger Verachtung ... feingefirniste Ironie ...« – Wortbruchstücke von Christiane Zintzen in der *Neuen Zürcher Zeitung* zu seinem 70. Geburtstag.

⁋   Dass es Roland Gnaiger gelungen ist, »den Achleitner« noch einmal auf das akademische Feld an die Kunstuni Linz zu locken, war ein riesiges Geschenk. Danke! Ein zweites ist die vorliegende Publikation: Sie rollt den Achleitner'schen Architektur-Kosmos wieder und doch anders auf. Nochmals danke! Und schließlich ist es eine Freude und Ehre, dass Friedrich Achleitner die Ehrendoktor-Würde unserer Universität angenommen hat.

⁋   Doch zurück zum Hintersinn: Wenn ein besoffener Kapuziner (Vorurteil?) mit einem Mohr im Hemd (politisch unkorrekt!!) auf einen türkischen Honig in Wien geht, dann kommt ein Wortgesindel heraus. Es ist von Friedrich Achleitner, dem Innviertler und Weltbürger, dem Architekturbesessenen und Poeten, dem Tüftler und Großzügigen, dem Wissenden und Bescheidenen.

Verdichtung entdichtet

Roland Gnaiger

Leiter Studienrichtung Architektur, Kunstuniversität Linz, Dezember 2014

Es war im Frühjahr 2009, als mich Friedrich Achleitner zum Befinden unserer Linzer Architekturausbildung befragte. Ich erzählte von einigen bemerkenswerten und erfreulichen Entwicklungen und kam dann auf meine, die Architekturtheorie betreffenden Sorgen zu sprechen. Es fehlte uns der große Zusammenhang, die kritische Zusammenschau und besonders – die Architekturgeschichte betreffend – der größere chronologische Überblick. Zuerst machte ich unseren (Linzer) Standortnachteil dafür verantwortlich, den häufigen Dozentenwechsel und den damit einhergehenden Mangel an Kontinuität. Bald verstand ich diese Situation jedoch als ein generelles Problem der Vermittlung von Architekturgeschichte und -theorie: überaus individuelle Schwerpunkte und Vorlieben kennzeichnen die Situation, vielfache Themenüberschneidungen, eine Verlorenheit in den unüberschaubaren und vielgestaltigen Gegenwartstrends und eine problematische Distanzlosigkeit gegenüber den globalisierten Phänomenen. Unsere heutige Generationen scheint ohne (architektur)historisches Bewusstsein aufzuwachsen.

⁋   Meine fast nostalgische Sehnsucht nach Achleitners Gesamtsicht, nach seiner Bereitschaft zur Wahrnehmung und Würdigung unterschiedlichster Positionen und nach seinem unabhängigen und unbestechlichen Urteil haben mir während unseres Gesprächs den Satz entlockt: »Du solltest nochmals vortragen, diesmal bei uns, ich organisiere das.«

⁋   Achleitner konnte über meine Einladung leicht und mit einem Lächeln hinweggehen, zu beiläufig war sie hingesagt. Mein Spontaneinfall hat sich jedoch in den folgenden Wochen zu einer fixen Idee verfestigt. Somit trug ich sie nochmals, diesmal mit größerer Ernsthaftigkeit vor, sodass Achleitners Abwehr schon entschiedener werden musste. Mein Ausweg bestand in der Bitte, darüber ernsthaft nachzudenken.

⁋   Es bedurfte in der Folge mehrerer Versuche und auch noch der Überredungskünste von Gabriele Kaiser. Das Wort seiner vertrautesten ehemaligen Mitarbeiterin am letzten Wien-Band der *Österreichischen Architektur im 20. Jahrhundert,* die auch die intimste Kennerin des im Architekturzentrum Wien beheimateten Achleitner-Archivs ist, zählt bei Achleitner viel. Seine Zusage zu einer Vorlesungsreihe kam (mehr als zehn Jahre nach seiner Emeritierung von der Universität für angewandte Kunst in Wien) mit den Worten: »Ja, für *euch* mach' ich das nochmals.«

Friedrich Achleitner, der ja aus Oberösterreich stammt,
hat seine Freude an der Entwicklung *unserer* »Linzer Architektur-
schule« nie verborgen und mehrfach auch öffentlich bekundet.
Doch zweimal noch sollte Achleitner an den Folgen seiner
Zusage »leiden«: während der Vorlesungsvorbereitungen und
im Vorfeld dieser Veröffentlichung.

¶   Die Abstimmung der Rahmenbedingungen ging allerdings schnell und reibungslos: Achleitners Lehrveranstaltung
sollte die Architektur des 20. Jahrhunderts zum Inhalt haben.
Als Format haben wir uns auf eine, in drei Themenblöcke
gegliederte und über vier Semester verteilte Reihe verständigt.
Block 1 und 2 sollten aus je zehn Vorlesungseinheiten bestehen.
Themenblock 3 aus zweimal zehn Vorlesungen verteilt über
zwei Semester. Gabriele Kaiser, inzwischen Leiterin des
afo architekturforum oberösterreich und unserer Universität
eng verbunden, sollte Achleitner unterstützen und mit
einer eigenen Vorlesung zu den internationalen »Pionieren
der Moderne« ergänzen.

Auch über Inhalte und Titel der vier Semesterthemen
herrschte schnell Klarheit:

¶   **Material, Struktur, Form**
Mit dem ersten Semesterthema wurde der Einfluss
von Material und Technologien auf die Formgebung und
Entwicklung des »Neuen Bauens« untersucht.

¶   **Architektur der Nachbarländer**
Das zweite Semester behandelte vor allem die erste Hälfte
des 20. Jahrhunderts und jene Nachbarregionen und Bauten,
beginnend in Tschechien über Slowenien bis zur Schweiz,
die Achleitner als einer der Ersten und zu Zeiten bereist und
erkundet hat, als die politischen Verhältnisse uns zum Westen
geöffnet, die ungemein reichhaltigen Entwicklungen in
unserem Osten jedoch verschlossen haben.

¶   **Österreichs Architektur von 1945 bis 2000**
Damit wurde als drittes jener Teil österreichischer Architektur
über zwei Semester behandelt, den Achleitner im Zuge seiner
beispiellosen, persönlichen Recherche bereist, dokumentiert und
in fünf geographisch gegliederten Bänden veröffentlicht hat.
Ein Auszug aus dieser Feldforschung bildet, ergänzt um Fotos
und erläuternde Texte, den Grundstock der vorliegenden
Dokumentation.

Alles in allem war damit ein Feld umrissen, welches in der Lage war, von mehreren Seiten die Architekturentwicklung nach dem gewaltigen, durch Weltkriege und Internationalisierung ausgelösten Wandel darzustellen. Ein für das Verständnis der Entwicklungsstränge, der historischen Brüche und Kontinuitäten unschätzbar wertvoller Input, der den Studierenden und angehenden ArchitektInnen die historischen Voraussetzungen für ihre gegenwärtige und künftige Arbeit vermitteln sollte.

Zum Zeitpunkt seiner Zusage war für Friedrich Achleitner allerdings noch nicht erkennbar, worauf er sich damit einließ: Zehn Jahre nach dem Ende seiner universitären Lehrtätigkeit und der Übergabe seines gesamten Archivs an das Architekturzentrum Wien war ihm sein persönliches Material nicht mehr in demselben Maße zugänglich und geläufig wie zu den Zeiten seines regelmäßigen Zugriffs. Die einstigen Vorlesungsreihen waren nicht mehr griffbereit und nicht mehr in die vertrauten Diakassetten gepackt. Und überhaupt hatte sich seit seiner Emeritierung der radikale Systemwechsel vom zumeist selbst gerahmten und eingeordneten Lichtbild zu den körperlosen, digitalen Bilddateien mit ihren abstrakten Ordnungsstrukturen vollzogen.

Infolgedessen musste Achleitner, unterstützt von David Baum, im eigenen Bildarchiv aufwändig recherchieren, für seine Gedanken eine neue Systematik suchen, in gewisser Weise also seine Vorlesungen »neu erfinden«. Er hat unter diesem unerwarteten Aufwand gelitten und ihn auch beklagt. Glücklicherweise ist ihm jeder Vorwurf fremd, sonst wäre ich wohl der erste Adressat gewesen.

Nach Überwindung dieser zahlreichen Widrigkeiten fand die »Neuauflage« seiner legendären Vorlesungsreihe vom März 2010 bis Ende Jänner 2012 an der Kunstuniversität Linz statt. Veranstalterin war »die architektur« und unser »Sofahörsaal« im 4. Geschoß des Linzer Brückenkopfgebäudes war der Ort der Handlung.

¶   Ich weiß nicht, welche Intuition mich dabei geleitet hat. Jedenfalls ließ ich, ohne Plan und Absicht, die gesamte Reihe auf einer Ton- und Bildspur sichern und Achleitners Bilderreihen sammeln. Jede Achleitner-Vorlesung bestand aus hundert, zwischenzeitlich digitalisierten Bildern. Diese exakte Zahl war wohl eine Reminiszenz an die Zeit, in der die Bilderzahl vom Fassungsvermögen der Diakassetten bestimmt war. Zweimal 50 Dias waren der Inhalt von zwei Kassetten und eine Größenordnung, mit der sich eine Vorlesung sinnvoll bestreiten ließ.

¶   40 Jahre nachdem ich, so wie Dietmar Steiner und eine beachtliche Reihe mittlerweile erfolgreicher und bekannter österreichischer ArchitektInnen, zu den allerersten Studierenden Achleitners gehört hatte, gab es für mich diese Neubegegnung in Form eines berührenden Déjà-vus.

¶   Etwas langsamer geworden, dafür ruhiger und abgeklärter, gleichermaßen hingegeben und unvermindert von seinem Gegenstand durchdrungen, war Achleitners Vortragsstil im Wesentlichen der Alte. Wer Einblick in Achleitners zahllose Artikel, Essays, Kritiken, Kommentare und Bücher nimmt, würde nicht glauben, dass der Autor solcher Texte und dieser Vortragende derselbe ist. Während aus Achleitners Schriftgut jeder Absatz, fast jeder Satz zitierbar ist, fügt sich seine mündliche Erörterung erst im Ganzen zu einem Bild: Achleitner referiert nicht, er erzählt: Beobachtungen, Erfahrungen, Begegnungen, Querbezüge, Schlussfolgerungen. Er fügt Geschichte und Geschichten zu einem Panorama, das die Komplexität der Architektur und ihrer meist verwickelten, oft auch zufälligen Entstehungsgeschichten in ihrer Summe zu einem runden, durchgängigen Ganzen formt.

¶   Treffen wir in Achleitners Schriften auf eine hochgradige *Ver*-dichtung, so *ent*-dichtet Achleitner mit seiner Rede. Die Verdichtung langer und komplexer Gedankenstränge ist etwas für Leser, die ihre Aufnahmegeschwindigkeit selbst bestimmen können. Der hoch kondensierte, feingeschliffene und druckreife Vortrag mag mitunter den Narzissmus eines Vortragenden befriedigen, den HörerInnen hilft er nicht.

¶   Und gerade weil sich Achleitner in seinen Vorlesungen der Umgangssprache bedient, seine Reflexionen mit Anekdoten ergänzt und vor allem mit Bildern konkretisiert, sind sie so verständlich und verankern sie sich so gründlich im Gedächtnis.

Achleitner trägt seine Belesenheit nicht auf. Muss er auch nicht, denn alles, was er referiert, ist Wissen aus »erster Hand«. Alle vorgestellten Bauten hat er selbst gesehen, alle Abbildungen selbst gemacht, Ansichten und Ausschnitte bewusst gewählt und für die Suche nach Plänen wurden von ihm selbst zahllose Archive durchstöbert. Daraus erklärt sich die Originalität und Authentizität seiner Erläuterungen.

Mit dem Voranschreiten von Achleitners Linzer Vorlesungen wuchs der Gedanke, diese in ein Buch zu fassen. Zwar hatte ich nicht mit seiner begeisterten Zustimmung gerechnet, aber auch nicht mit solch vehementem Widerspruch. Seine Vorbehalte waren nochmals um vieles größer als beim Versuch, ihn überhaupt für die Vorlesungsreihe zu gewinnen. Und sie bezogen sich auf das Problem der Übertragbarkeit seines erzählten Textes in die Schriftform.

Unterstützt durch Mittel der Universität und das Verständnis des Rektors, Reinhard Kannonier, hatten wir begonnen, Achleitners Vorträge zu transkribieren. Tapfer und mit zunehmendem Vertrauensgewinn hat sich Petra Stiermayr durch die Texte gearbeitet. »Fritz«, habe ich zu Achleitner gesagt, »dass du schreiben kannst, musst du niemandem mehr beweisen. Dies hier ist etwas vollkommen anderes, wir werden das entsprechend aufbereiten und vermitteln.« Ich sah eine reiche und einmalige Sammlung von Erfahrungen, spontanen und gut verständlichen Worten vor mir und ein anspruchsvolles »Bilderbuch« – genau das, was wir für die Vermittlung von Architektur an Studierende und für ein breiteres Publikum brauchen. Denn wenn es auf der einen Seite jene überbordende Flut an anspruchsvoller Fachliteratur gibt, für Laien unerreichbar und unverständlich, und auf der anderen Seite die Architektur in Lifestyle-Magazinen reüssiert und dort in manipulierte Bilderwelten verpackte uneinlösbare Sehnsüchte in den Köpfen der Menschen versenkt, so könnte doch diese Kluft dazwischen beispielsweise durch Achleitners Linzer Vorlesung geschlossen werden.

Für Achleitners einfache und verständliche Worte gilt, was Erich Fromm einmal über einen seiner Geistesverwandten gesagt hat: »Er hat seinen Gegenstand so vollkommen durchdrungen, dass er ihn mit einfachen Worten auszudrücken vermag.« Genau darin besteht die Kunst des vorliegenden Buches. Insofern könnte es zu einem besonderen Beispiel für Achleitners Scharfsinn und Durchdringungsgabe werden.

¶ Und dann kam noch ein Argument dazu: Wer kennt schon Achleitners Fotosammlung? Nur in den schwarz-weißen Miniaturen seiner Architekturführer sind sie der Öffentlichkeit bekannt. Das Architekturzentrum Wien verfügt über einen unschätzbar wertvollen Fundus von rund 40.000 Achleitner-Dias, die Österreichs Architektur eines ganzen Jahrhunderts belegen. Wir kennen den Schriftsteller, den Forscher, den Architekturtheoretiker und -kritiker, nicht aber den Architekturfotografen Achleitner.

¶ Dabei ist sein Œuvre einmalig. Hier muss ich etwas genauer sein: Mit der heutigen, hochprofessionalisierten und spezialisierten Architekturfotografie und ihrer inszenatorischen Kunst dürfen Achleitners Bilder nicht verglichen werden. Die aktuelle Architekturfotografie ist Publikation, oftmals mit einem beträchtlichen künstlerischen Eigenleben. Achleitners Metier ist die Reportage. Sie ist schnell, dient der Beweissicherung und der Vertiefung seiner Analysen. Diese erstmalig in angemessenem Rahmen vorzustellen, ist ein weiterer guter Grund für die Herausgabe dieses »kommentierten Bilderbuchs«.

¶ Nur zaghaft konnte sich Achleitner mit meiner Sichtweise anfreunden. Weitere Vertraute aus dem gemeinsamen Freundeskreis hatten Überzeugungsarbeit zu leisten. Nochmals hat Gabriele Kaiser das Projekt mit dem Endredigieren der Texte unterstützt. Dabei wurde manches, das nur in der freien Rede funktioniert, in der Schriftfassung leicht modifiziert. So wurde beispielsweise der »Gartennarr« Roland Rainer zu einem »Gartenfreund«. Die allerletzten Zweifel hat dann die Kompetenz der Architekturlektorin Claudia Mazanek ausgeräumt.

¶ Achleitner selbst hat mit seinem Wunsch, bei der Vorstellung mancher Bauten auf die betreffende Stelle in seinem Führer zu verweisen, einen wertvollen Beitrag geliefert. Somit versteht sich diese Publikation auch als ein empirischer Beitrag zum Bildgedächtnis der Architektur in Österreich seit 1945, was bei Achleitner immer die Aufforderung impliziert, die Bauwerke (sofern sie noch stehen) auch *in natura* anzusehen.

¶ Mit Achleitners letztendlicher Freigabe für dieses Vorhaben hat sich auch seine Zustimmung kontinuierlich gesteigert und sogar in freudige Erwartung gewandelt. Was nunmehr vorliegt, soll jenen ein Ersatz sein, die nicht – so wie ich und einige Jahrgänge Linzer ArchitekturstudentInnen – das Privileg hatten, die Vorlesungen Friedrich Achleitners selbst mitzuerleben.

¶ Mein herzlicher Dank geht an Petra Stiermayr, an Gabriele Kaiser und Claudia Mazanek, die diese Arbeit weit über eine übliche Routine hinaus gefördert haben. Und er richtet sich an Dietmar Steiner und das Architekturzentrum Wien, die durch die Übertragung der Bildrechte und die Unterstützung ihres Archivs diese Publikation ermöglicht haben. Ein großer Dank geht an Clemens Schedler, der als Grafiker mit seiner an Inhalten orientierten Gestaltung diese auf eine weitere klärende Ebene transferierte.

¶ Ein besonderes Bedürfnis ist es mir Ingrid und Christian Reder zu danken. Sie waren es, die in ungewöhnlich unkomplizierter und spontaner Weise, über ihre RD Foundation Vienna Privatstiftung die finanziellen Voraussetzungen zur Herausgabe dieses Buches geschaffen haben.

¶ Und mein tausendfacher Dank richtet sich an Friedrich Achleitner selbst. Er hat mehrfach betont, dass er sich ab sofort nur mehr seiner Literatur widmen möchte, dass das Schreiben über Architektur mit diesem Buch für ihn abgeschlossen sei – mit 84 Jahren darf er eine solche Entscheidung getrost für sich in Anspruch nehmen. Doch wer ihn kennt, darf hoffen, dass hier das letzte Wort noch nicht gesprochen ist!

*Die im Folgenden wiedergegebenen Texte entstammen einer
Vorlesungsreihe an der Kunstuniversität Linz in den Jahren 2009 und
2010. Sie erheben nicht den Anspruch, eine erschöpfende architektur-
geschichtliche Darstellung der Jahrzehnte nach 1945 zu sein. Es handelt
sich eher um Berichte eines Zeitzeugen, die jeweils pro dargestelltem
Jahrzehnt auf zwei Vorlesungsstunden beschränkt waren. Diese Berichte
sind ohne Anspruch auf Vollständigkeit entstanden und stellen auch
keinen Versuch dar, Bauwerke in ihrem historischen Kontext zu
erschließen. Diese sehr subjektive Dokumentation mit eigenem Fotomaterial unterlegt soll Neugier wecken und Lust machen auf
weitere Entdeckungen.*

F. A.

Inhalt

Die 1950er Jahre

Die 1960er Jahre

Die 1970er Jahre

Die 1980er Jahre

Die 1990er Jahre

Die 1950er Jahre

Der Abstand zu den 1950er Jahren erlaubt heute eine objektivere, distanziertere Betrachtung, die allerdings einem »Zeitzeugen« immer noch schwer fällt. Sicher ist, dass das Jahr 1945 keinen Nullpunkt bedeutete, vielleicht einen wirtschaftlichen und politischen Neuanfang, aber sicher keinen kulturellen. Die Erste Republik, der »Reststaat« der Donaumonarchie, der »Staat, den keiner wollte« und an dessen Lebensfähigkeit die Österreicher lange zweifelten, war auf der Suche nach einer neuen Identität, die in der kurzen Phase des »Ständestaates« (1934–1938) teils als eine Rückbesinnung auf die barocke Vergangenheit eines Alpenvolkes (Salzburger Festspiele) verstanden wurde, die dann in den sieben Jahren des »Tausendjährigen Reiches« in einem schwer entschlüsselbaren kulturellen Gemenge aus »Blut- und Bodenfantasien«, Heimatschutzidyllen und industriellem Fortschritt bestand.*

¶ Es ist verständlich, dass die politischen und kulturellen Hypotheken es zunächst schwierig machten, die Fäden der eigenen Tradition der Moderne wieder aufzunehmen. Ein Großteil der führenden Architekten der 1920er und 1930er Jahre war ausgewandert, vertrieben oder gestorben. Die Eigenblockade der nationalsozialistischen Kulturpolitik hatte vor allem in der jüngeren Generation einen großen Informationsnotstand hinterlassen. Die politischen Interessen lagen ausschließlich in einem schnellen Wiederaufbau der mehr oder weniger zerstörten Städte. Die kaum überschaubaren Probleme gaben zuerst jenen Architekten eine Chance, die es verstanden, mit handfesten Konzepten und einem trivialisierten Architekturvokabular zu arbeiten. Das Bedürfnis, möglichst schnell wieder normale Verhältnisse herzustellen, schuf ein kunst- und architekturfeindliches Klima, verschärft durch einen resistenten Konservatismus aller Parteien.

¶ Das Jahrzehnt vom Kriegsende bis zu Staatvertrag (1955) und Abzug der Besatzungsmächte war in Wien darüber hinaus dominiert von der Rekonstruktion der großen baulichen Symbole der Vergangenheit wie Stephansdom, Oper, Burgtheater, Parlament und anderen Ringstraßenbauten. Wien zählte zu den stark zerstörten Städten des Landes: Die Innenstadt war zerbombt, Stephansdom, Oper und Burgtheater waren ausgebrannt und das Parlament schwer beschädigt. Der Wiederaufbau repräsentativer Gebäude erfolgte nach dem Modell einer rekonstruierten, teilweise eklektizistischen Architektur.

*
Dieses baugeschichtliche Phänomen wurde in der Bundesrepublik Deutschland von Autoren wie Werner Durth, Winfried Nerdinger, Wolfgang Pehnt und anderen ausführlich behandelt; zum Beispiel Nerdinger, *Architektur und Städtebau der 30er/40er Jahre*, in Zusammenarbeit mit Werner Durth, Schriftenreihe des Deutschen Nationalkomitees für Denkmalschutz Band 46, Bonn 1993.

¶ Der Rückgriff auf die Formensprache der Gründerzeit (aller-dings damals noch missverstanden als »Maskenball der Stile«) wurde einerseits abgelehnt, andererseits als die Wiederherstellung »normaler« kultureller Verhältnisse empfunden. Eine kritische Ausnahme waren die an der Moderne orientierten Bauten etwa von Max Fellerer, Eugen Wörle (Freibad Gänsehäufel), Franz Schuster (Siedlung Siemensstraße) oder Roland Rainer (Stadthalle, Siedlungen).

¶ Die unterschiedlichen Lebensbedingungen in den einzelnen Bundesländern beeinflussten das Architekturgeschehen nachhaltig. Während Niederösterreich und mit ihm Wien (allerdings geteilt in vier Besatzungszonen) in der sowjetischen Besatzungszone lagen und deshalb vor allem um eine funktionierende Wirtschaft rangen, kamen die westlichen Bundesländer früher mit dem amerikanischen, englischen beziehungsweise französischen Architekturgeschehen in Kontakt. Die große Wohnungsnot in Wien resultierte aber nicht nur aus den Kriegszerstörungen, sondern auch aus der verringerten Wohnbautätigkeit schon im Ständestaat und im »Dritten Reich«, dann aus dem Zustrom von Flüchtlingen (vertriebene Deutsche aus dem Osten). Ein Schwerpunkt im Bauen lag zunächst in der schnellen und billigen Wiederherstellung von Wohnungen. Mit Mitteln des Europäischen Wiederaufbauplans EPR (später »Marshall-Plan«) wurde die Errichtung effizienter und kostengünstiger Wohnanlagen und Siedlungen unterstützt.

¶ Der Wohn- und Siedlungsbau musste billig und extrem pragmatisch sein. Für architektonische »Experimente« oder von der Norm abweichende Planungen gab es kaum Sinn noch wirkliches Interesse. Nur wenigen Architekten, etwa in Wien Franz Schuster (Schnellbauprogramm und Duplexwohnungen) oder Roland Rainer (verdichteter Flachbau), gelang es, zukunftsweisende Konzepte vorzulegen. Hier und dort zeigten sich noch Einflüsse aus der Gartenstadtbewegung, einer Heimatromantik und dem rationalen Bauen aus der Zwischenkriegszeit.

¶ Obwohl am Beginn der 50er Jahre vorerst noch wenige Kirchen gebaut wurden, entfachte sich gerade im Kirchenbau (vor allem in Wien) eine Architekturdiskussion, die vor allem von dem Domprediger und Kunstförderer Otto Mauer (Galerie nächst St. Stephan) ausging. Die architektonischen Positionen unter den Architekten lagen weit auseinander, zeigten aber eine große formale und konzeptionelle Vielfalt. Man kann behaupten, dass diese Initiativen im ersten Nachkriegsjahrzehnt von wenigen reformwilligen Klerikern (beispielsweise Otto Mauer, Herbert Muck, Günther Rombold, Wilhelm Eisenbart oder Josef Zauner) ausgingen. Unter den jungen Architekten kamen, mit Ausnahme des Lois Welzenbacher-Schülers Ottokar Uhl, die meisten »Kirchenbauer« aus der Schule Clemens Holzmeisters. Der »Meister« ließ in seiner Schule am Schillerplatz Experimente zu, ermutigte zu neuen Versuchen, wurde aber auch von seinen Studenten im Gegenzug als »Vollblutarchitekt mit Pranke« sehr geschätzt.

¶ Darüber hinaus übte Konrad Wachsmann mit seinem strukturell-rationalen Architekturansatz in den Kursen an der Salzburger Sommerakademie (1956–1960) großen Einfluss auf die junge Architektengeneration aus. Der Walter Gropius-Partner aus den Vereinigten Staaten kehrte nicht nur mit einem anregenden, auf Industrialisierung des Bauens abzielenden Architekturkonzept nach Europa zurück, sondern propagierte auch eine dynamische, auf Teamarbeit basierende Entwurfs-methode. Architekten wie Friedrich Kurrent, Johannes Spalt (arbeitsgruppe 4), Johann Georg Gsteu oder Ottokar Uhl erweiterten diesen Ansatz, indem sie später mit wenigen vorgefertigten Elementen Module entwickelten, die durch Multiplikation (Reihung, Stapelung et cetera) neue Raumkonzepte ermöglichten.

Heute, in der liberalistischen und globalisierten Gesellschaft, ist die kulturelle Aufbruchsstimmung unter den jungen Architekturschaffenden in der sogenannten Nachkriegszeit kaum mehr vermittelbar. Die »analoge Welt« war sicher nicht besser, aber anders, stress- und konkurrenzfreier, es gab genug Arbeit, eine geringere Bürokratisierung des Bauwesens, der Handwerker war noch nicht ausschließlich Monteur, eher (dank seiner universellen Ausbildung) Mitarbeiter, Ideenbringer oder Gegner, die Baustellen teilweise noch Werkstätten, in denen auch entwickelt, erfunden und verändert wurde. In den Köpfen gab es nur Zukunft, technische und gesellschaftliche Umwälzungen, von denen sich viele herausgefordert fühlten. Was in Italien, in der Schweiz, in Frankreich, Holland oder Finnland geschah, musste gesehen und studiert werden. Ja selbst in den östlichen und südöstlichen Nachbarländern konnte man eine faszinierende Moderne entdecken, von der eigenen im Lande gar nicht zu reden.

Friedrich Pangratz | 1910–1997

Franz Schuster | 1892–1972

Stephan Simony | 1903–1971

Eugen Wörle | 1909–1996

Per-Albin-Hansson-Siedlung West

Wien | 10. Bezirk | 1947–51

ÖA III/1–271

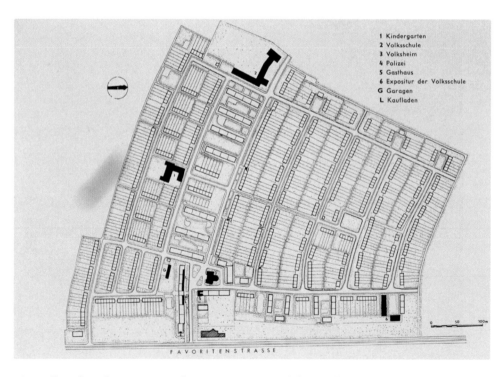

Die Siedlung besteht aus 1.700 Wohnungen in zwei- und dreigeschossigen Reihenhäusern.
Im Zusammenhang mit den Kindergärten, Kulturhäusern und Schulen entstanden auch
kleine Plätze als räumliche Auflockerungen im strengen Bebauungssystem.

38

Zwischen den Reihenhäusern liegen Gärten, die über schmale Wege erschlossen sind und bis heute von den Bewohnern intensiv genutzt werden.

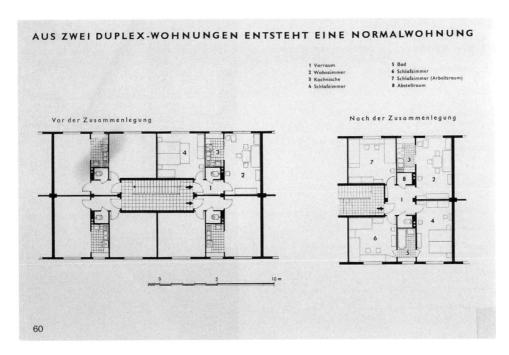

AUS ZWEI DUPLEX-WOHNUNGEN ENTSTEHT EINE NORMALWOHNUNG

1 Vorraum
2 Wohnzimmer
3 Kochnische
4 Schlafzimmer

5 Bad
6 Schlafzimmer
7 Schlafzimmer (Arbeitsraum)
8 Abstellraum

Vor der Zusammenlegung

Nach der Zusammenlegung

0   5   10 m

60

Die Duplex-Wohnungen befriedigten die minimalen Ansprüche der frühen 50er Jahre. Durch das Umfunktionieren einer Wohnküche in ein Bad konnten zwei Wohnungen zu einer größeren Vierzimmerwohnung zusammengelegt werden.

In den späten 40er Jahren konnte die rasche und allumfassende
Mobilisierung noch nicht vorausgesehen werden.

Da sich auch das soziale und kulturelle Leben im Laufe der Zeit
(etwa durch Funk und Fernsehen) schnell veränderte,
verloren auch die bescheidenen Kulturbauten ihre Bedeutung.

Die bescheidene Architektur
entsprach der Einfachheit der 20er Jahre
und wurde beispielsweise
an der liebenswerten Betonung
der Eingänge ersichtlich.

41

Franz Schuster | 1892–1972
Schnellbauprogramm
1950

Franz Schuster war Schüler von Heinrich Tessenow, Vertreter der deutschen Gartenstadtbewegung, der 1920 – 1928 an der Wiener Kunstgewerbeschule (heute Universität für angewandte Kunst) unterrichtete. Nach 1945 engagierte sich Schuster im sozialen Wohn- und Siedlungsbau, schuf ein Schnellbauprogramm und das Konzept der Duplexwohnungen (Kleinwohnungen, die später zusammengelegt werden konnten).

¶ Das streng funktionalistische Konzept der Wohnungen, die etwa auf der Berechnung der Schritte der Hausfrau in der Küche, bei der Pflege der Wohnung et cetera beruhten, stellte sich später als Hindernis für eine flexiblere Nutzung der Wohnungen heraus und wurde zum Impuls für neue Grundrisskonzepte.

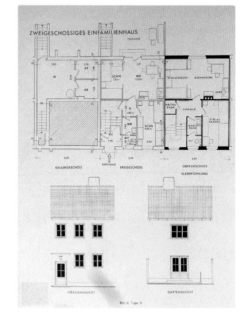

Mithilfe des Schnellbauprogramms entstanden in kurzer Zeit viele Wohnbauten – auch ein Zeichen des Optimismus der Wiederaufbauzeit.

42

Eingeschossige Wohnzeilen für vor allem ältere Menschen sollten deren Umzug in Altersheime verhindern. Trotz ihrer Einfachheit besaßen die Wohnungen ein moderates und liebenswürdiges Ambiente.

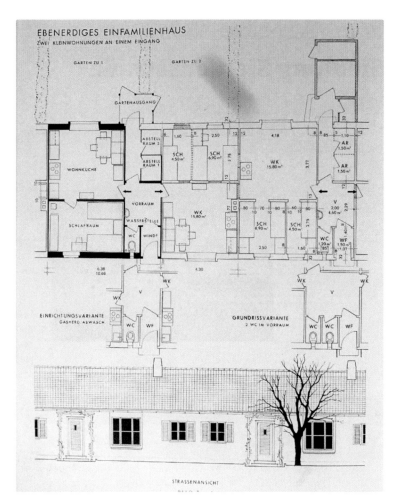

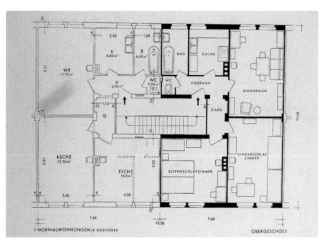

Größere Wohnungen gab es sowohl auf einem als auch auf zwei Geschossen.

Franz Schuster | 1892–1972
Siedlung Siemensstraße
Wien | **21. Bezirk** | **1950–1954**

ÖA III/3 | 229–230

Erst durch die immer
dichter werdende
Vegetation verloren die
Höfe ihre anfängliche
Monotonie.

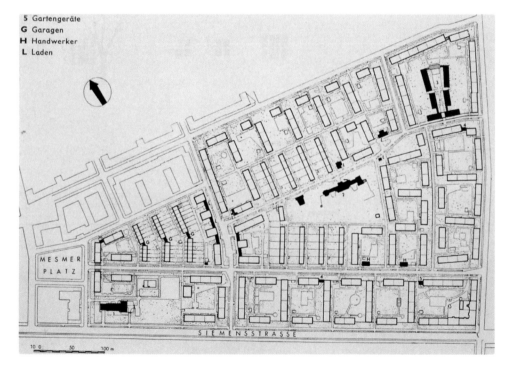

Die hohe Randbebauung schützte die Siedlung Siemensstraße
vor Lärmbelästigung.

Die bescheidenen Versorgungseinrichtungen (Gaststätten, Geschäfte et cetera) sind bis heute, wenn sie nicht durch Einkaufszentren verdrängt wurden, beliebte Treffpunkte.

Die komfortablen erdgeschossigen Wohnungen für betagte Menschen nötigten sie nicht, im Alter ihr Milieu zu verlassen, was – lange vor Debatten zum Thema Barrierefreiheit – ein wichtiger gesellschaftlicher Aspekt geblieben ist.

Roland Rainer | 1910–2004
Fertighaussiedlung Veitingergasse
Wien | 13. Bezirk | 1952–54

ÖA III/2–59

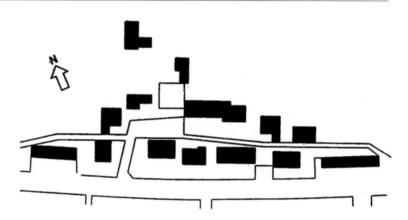

Ihre Käufer entschieden sich bewusst für ein Wohnen in Häusern aus Holz. Lange Zeit wurde die Siedlung zu Unrecht als »Barackensiedlung« diffamiert.

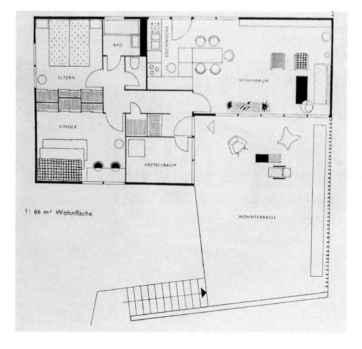

Der »amerikanische Grundriss« bildete die Grundlage der Entwürfe, welche mit einem offenen Küchen- und Wohnteil, der vom Schlafbereich abgegrenzt wurde, versehen waren.

Die Fertighäuser dieser Kleinsiedlung in Wien-Hietzing
wurden mit amerikanischen Fördermitteln im Rahmen
des Marshall-Plans errichtet.

Roland Rainer legte als leidenschaftlicher Gärtner großen Wert auf
großzügige Blickbeziehungen zum Außenraum und verwirklichte
idyllische Gärten.

Max Fellerer | 1889–1957
Eugen Wörle | 1909–1996

Wohnbau Maria am Gestade

Wien | 1. Bezirk | 1952–58

ÖA III/3 | 439

Mit der dichten und markanten Wohnbebauung gingen Max Fellerer
und Eugen Wörle auf die topografische Situation des Ortes ein
und nutzten die Geländestufen für ein Geschäftsgeschoß.

Das Gebiet um die Kirche Maria am Gestade
war ein Juwel mittelalterlicher Architektur und zählte nach 1945
zu den durch Bombenangriffe am meisten zerstörten
Innenstadtbereichen Wiens.

Roland Rainer | 1910–2004
Mauerbergsiedlung
Wien | 23. Bezirk | 1956 | 1962–64

ÖA III/3 | 439

Roland Rainer konzipierte diese klassische Terrassensiedlung
am Mauerberg als dichte Anlage. Dabei arbeitete er mit dem Gelände,
betonte dessen Schichten und löste das Problem der Erschließung
der Häuser mit steilen Freitreppen.

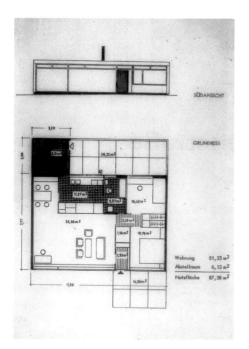

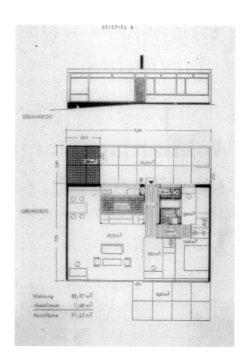

Der Eingang ins Haus liegt entweder an dessen offener Südseite oder an der geschlossenen Nordseite, wodurch zwei unterschiedliche Grundrisstypen entstanden.

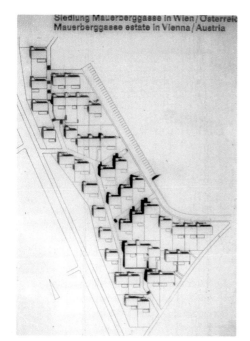

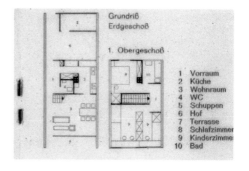

Grundriß Erdgeschoß

1. Obergeschoß

1 Vorraum
2 Küche
3 Wohnraum
4 WC
5 Schuppen
6 Hof
7 Terrasse
8 Schlafzimmer
9 Kinderzimmer
10 Bad

Den zweigeschossigen Reihenhäusern im nördlichen Teil der Siedlung sind von zwei Seiten private Gärten zugeordnet.

Carl Auböck | 1924–1993
Adolf Hoch | 1910–1992
Carl Rössler | 1890–1984
Wohnanlage Vorgartenstraße
Wien | 2. Bezirk | 1959–62

ÖA III/1 – 101

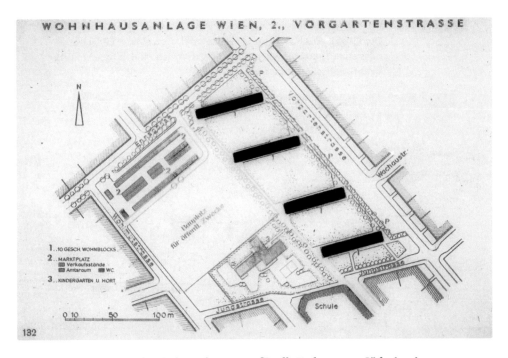

Einheitliche Bedingungen für alle Wohnungen: Südorientierung,
gleiche Abstände der Blocks. Das anfangs abfällig bezeichnete
»Abstandsgrün« wandelte sich im Laufe der Jahre in brauchbare
Grünräume.

Großstädtische, mehrgeschossige Wohnblockscheiben
in Zeilenform stellten in der Nachkriegsmoderne einen Gegenentwurf
zu den gründerzeitlichen Blockrandbebauungen dar.
Sie wurden oft außerhalb des Gürtels oder am Stadtrand errichtet.

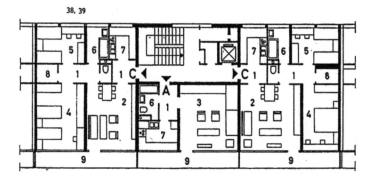

Die minimalisierten Grundrisse
der Anlage waren hoch
funktionalistisch und
auf konkrete Nutzungen
abgestimmt.

Loggien, die einer gesamten Wohnungsbreite entsprachen,
ermöglichten den Bewohnern eine starke Beziehung
zum Außenraum.

Aus ästhetischer Perspektive versprachen diese Wohnblocks
ein neues Leben. Bis heute bieten sie ihren Bewohnern
eine angenehme Wohnumgebung.

Max Fellerer | 1889–1957
Eugen Wörle | 1909–1996
Freibad Gänsehäufel
Wien | 22. Bezirk | 1948–50

ÖA III/3 – 360–361

Das Strandbad Gänsehäufel, auf einer Insel im stillgelegten Wasser der Donau errichtet, gilt als Ikone der Nachkriegsmoderne.

Den Wettbewerb zur Konzeption eines neuen Freibads gewannen Eugen Wörle und Max Fellerer, die einen klugen Einfall hatten: die Architektur sollte eine Symbiose mit der Aulandschaft eingehen und zu einer Einheit mit der Natur werden.

In der damaligen Zeit, in der man höchst konservativ baute, waren wir alle beeindruckt. Es schenkte uns den Glauben, dass es auch in Österreich gute Architektur geben kann.

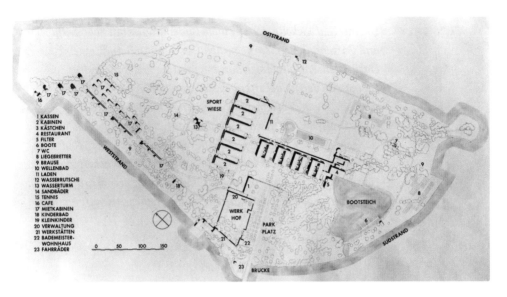

1 KASSEN
2 KABINEN
3 KÄSTCHEN
4 RESTAURANT
5 FILTER
6 BOOTE
7 WC
8 LIEGEBRETTER
9 BRAUSE
10 WELLENBAD
11 LADEN
12 WASSERRUTSCHE
13 WASSERTURM
14 SANDBÄDER
15 TENNIS
16 CAFE
17 MIETKABINEN
18 KINDERBAD
19 KLEINKINDER
20 VERWALTUNG
21 WERKSTÄTTEN
22 BADEMEISTER-
   WOHNHAUS
23 FAHRRÄDER

Die Insel war nach der Regulierung der Donau um 1870 entstanden
und erstreckt sich auf einer Länge von 1 km und einer Breite von 0,5 km.
Durch eine Brücke ist sie mit dem Festland verbunden.

Fellerer und Wörle planten für das Bad verschiedene Gebäude,
darunter einen Aussichtsturm und einen Wasserturm.

Die Insel entwickelte sich zu einem Badeparadies mit Schrebergärten und Gartenanlagen. Zurückgehend auf Florian Berndl, einem Naturisten, entfaltete sich dort um 1900 die Freikörperkultur. Da man an den »Nackerten« dieser Insel bald Anstoß nahm, wurde der Betrieb von der Gemeinde Wien eingestellt. Dann geschah etwas typisch Wienerisches: Als die Stadt Wien das öffentliche Bad Gänsehäufel schuf, wurde der mittlerweile legendäre Berndl als Bademeister eingestellt und es ging weiter mit den Nackerpatzeln. Danach verjagte man ihn auch als Bademeister. Berndl gründete daraufhin gegenüber eine Gartensiedlungsgenossenschaft namens Brasilia. Das Gänsehäufel blieb, bis zur Zerstörung im Zweiten Weltkrieg, eine normale Badeeinrichtung.

Die »Kabanentürme« mit kleinen mietbaren Einheiten dienten Sommergästen des Strandbads zum Schlafen und Wohnen. Sie verbrauchten nur wenig Fläche und unterstrichen durch ihre Typologie den sensiblen Umgang mit der Landschaft.

Die durchlässigen, luftig und gut erschlossenen Kabinenanlagen galten als Meisterwerke
des reduzierten Betonbaus. Die Bäume in ihrem Inneren bewiesen,
dass die Architekten den vorhandenen Bauplatz respektierten und die Anlage
in die bestehende Landschaft einfügten.

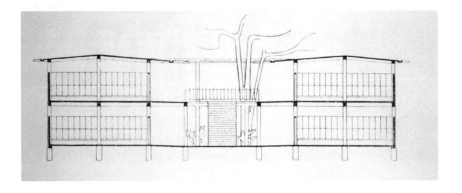

Die »Wohntürme« passen gut in die mit Bäumen bewachsene Anlage. Die Idylle ist nicht nur für Intellektuelle ein Sommerparadies, sondern auch für Arbeiterfamilien, Pensionisten et etera. Auch der Autor des »Kaisermühlen Blues« – Ernst Hinterberger – entwickelte sich dort zu einer Wiener Legende. Die beliebten Kabanen sind heute noch sehr begehrt. Die Chance, eine zu mieten, ist jedoch für »Außenstehende« äußerst gering.

Roland Rainer | 1910–2004

Wiener Stadthalle

Wien | 15. Bezirk | 1952–58

ÖA WIEN III/2 – 146–149

Ein herausragender Bau der 50er Jahre, der auch eine neue Architektur
ankündigte, war die Wiener Stadthalle für sportliche und kulturelle
Großveranstaltungen. Zum Wettbewerb waren neun österreichische und
fünf ausländische Architekturbüros eingeladen. Mit Alvar Aalto und
Roland Rainer gab es zwei erste Preise. Aalto bot eine fantastische
Zeltkonstruktion mit urbanem, offenem Raumkonzept an, die bautech-
nisch als zu riskant empfunden wurde. Man befürchtete politische
Terroranschläge: die gespannten Drahtseile könnten leicht mit
Schneidbrennern durchschnitten werden. Es wurde die bewährte
Stahlkonstruktion Rainers bevorzugt, der außerdem ein
heimischer Architekt war.

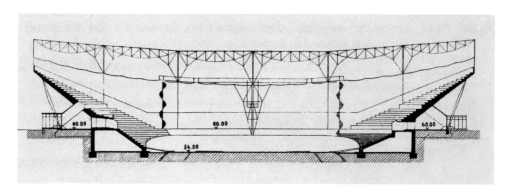

Die Form eines Hängedaches weist auf eine leichte Zeltkonstruktion hin, die aber gewissermaßen mit konventionellen Mitteln nachgebaut wurde. Rainer ging es um die Form
des großen Raumes, die konzentrierter, kompakter erscheinen sollte.

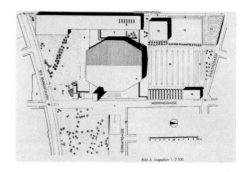

Bild 6. Lageplan 1 : 2 500.

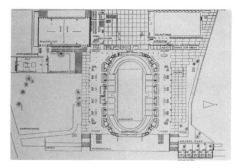

Für die frühen 50er Jahre verlieh Roland Rainer dem Eingangsbereich
eine ungewöhnlich imposante Gestik.

Der Raum fasst 15.000 Menschen, hat also ein beachtliches Volumen. Rainer wollte, dass auch von den obersten Tribünen die Blicke auf die Spielfläche gelenkt werden. Hier mag man sich an einen Ausspruch Karl Valentins erinnert fühlen, der sinngemäß sagte: Wenn ich mehr als 35.000 Menschen auf einmal sehe, fühle er sich nicht mehr wohl.

Ich durfte selbst einmal bei einer Aufführung des russischen Staatszirkus erleben, wie der Clown Popow 15.000 Menschen in Spannung hielt. Das war unglaublich. Ein größeres Kompliment kann man der Halle nicht machen.

Heute wird die Wiener Stadthalle als Kulturzentrum für Popkonzerte und Großveranstaltungen genutzt und verfügt über ein sehr großes Einzugsgebiet.

Clemens Holzmeister | 1886–1983
Kirche Erpfendorf
Tirol | 1954

ÖA I – 300

Clemens Holzmeister war ab den 30er Jahren der dominierende
Architekt in Österreich im Kirchenbau. Bei der Kirche von Erpfendorf
orientierte er sich stark an Motiven von Tiroler Kirchen.

arbeitsgruppe 4
Wilhelm Holzbauer | 1930
Friedrich Kurrent | 1931
Johannes Spalt | 1920–2010
Kirche
Salzburg-Parsch | 1953–56

ÖA I – 252–255

Umbau eines alten Bauernhauses mit angebautem Stall,
der mit böhmischen Platzeln überwölbt war.

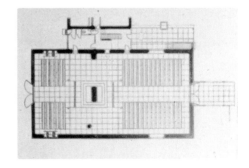

Anfangs lästerten die Menschen über die ungewohnte Kirche
und sprachen von einer »Seilbahnstation Gottes«.

Durch Anbau eines höheren,
lichtdurchfluteten Chors, mit freistehen-
dem Volksaltar entstand ein heller,
eindrucksvoller Altarraum.

Durch den Kontrast von niedrigen, dunklen und hohen, hellen Zonen
verliehen die Architekten dem Raum eine bemerkenswerte Intensität.
Das Schräglicht von oben sorgte für eine starke Betonung des Altar-
bereichs, der dadurch seine zentrale Bedeutung gewann.

Mit Kunstwerken ausgestattet wurde die Kirche mit Arbeiten
von Fritz Wotruba (Relief über dem Eingang) und Oskar Kokoschka
(Zeichnungen auf den Betontoren). Josef Mikl schuf die abstrakten
Glasfenster, die damals im Kirchenbau noch völlig ungewohnt
waren und für allgemeine Aufregung sorgten.

Ottokar Uhl | 1931–2011
Studentenkapelle Ebendorferstraße
Wien | 1. Bezirk | 1956–57

ÖA III/1 – 25

Mit minimalen Mitteln integrierte
Ottokar Uhl diese Kapelle in ein
bestehendes Gebäude.

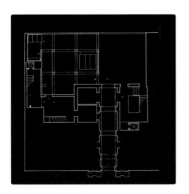

Vor einem weißen Wandfeld
positionierte er den Volksaltar;
daneben setzte er zwei
Lichtflächen.

Rudolf Schwarz | 1897–1961
Kirche St. Florian
Wien | 5. Bezirk | 1957–63

ÖA Wien III/1–271

Rudolf Schwarz, zu dessen besten Arbeiten die Kirche St. Theresia in Linz zählt, ist während der Bauzeit der Wiener Anlage gestorben.

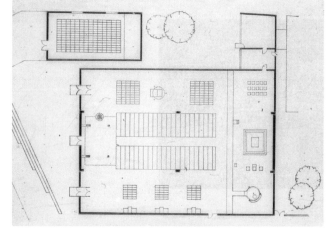

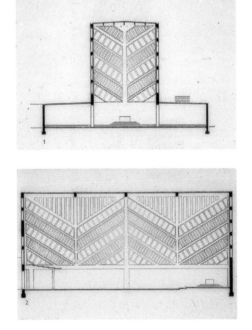

Es handelt sich typologisch noch um eine Wegkirche mit niederen
Seitenschiffen und hohen, expressiven Lichtgaden.

Rudolf Schwarz | 1897–1961

Kirche St. Theresia

Keferfeld

Linz | Oberösterreich | 1958–62

ÖA I – 149–151

Bei der Theresienkirche im Keferfeld handelt es sich um ein Schlüsselwerk im Kirchenbau – und das nicht nur in Österreich, sondern auch in Deutschland und der Schweiz. – Ich lernte Rudolf Schwarz als eine eindrucksvolle Persönlichkeit kennen: ein Mystiker aus dem Rheinland.

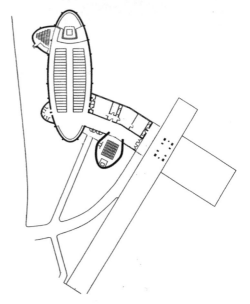

Die Kirche entwarf er, nachdem er sich wochenlang ins Kloster Wilhering zurückgezogen hatte. Dort kam er mit dem barocken Raum in Beziehung. Der Kirchenraum im Keferfeld verfügt über eine großartige Wirkung, vor allem durch die Behandlung des Lichts.

Durch die seitliche Lichtführung
gelang Rudolf Schwarz eine besonders schöne Raumwirkung.

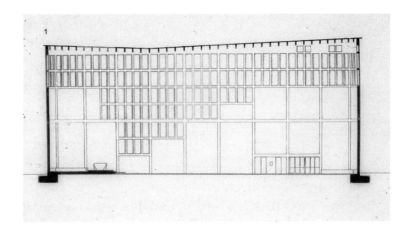

Das Gerüst des Gebäudes ließ er sichtbar zurück.
Da Ziegel viele Frequenzen schluckt, erzeugt die Ausmauerung nicht nur Wärme,
sondern auch eine gute Akustik.

Josef Lackner | 1931–2000

Kirche Neu-Arzl

Innsbruck | Tirol | 1958–60

ÖA I – 360–361

Mit der Kirche Neu-Arzl gelang Josef Lackner
eine spannende Raumschöpfung:
Er entwarf einen quadratischen,
abgehobenen Einraum auf zwei Ebenen
mit einer starken Sichtbeziehung
nach außen.

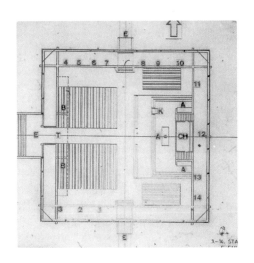

Bei der Entwicklung des
Grundrisses benutzte Lackner
das strenge Quadrat.

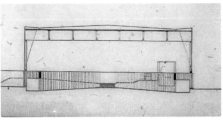

Der abgesetzte Umgang im Souterrain der Kirche
beherbergt die Kreuzwegstationen.

Durch die Beleuchtung der Wände entstand der Eindruck
einer schweren, aber trotzdem schwebenden Decke.
Über den tiefer liegenden, aber hell erleuchteten Graben
(Umgang mit den Kreuzwegstationen und Durchblick nach außen)
ist eine Brücke gelegt, über die man den inselartigen,
in sich ruhenden Kirchenraum betritt.

Unter den Kollegen wusste man, dass Josef Lackner kein engstirniger
»Ideologe« war. Als er von einem Freund gefragt wurde,
welches Modul er denn verwendet habe, sagte er: einen Zentimeter.

arbeitsgruppe 4

Wilhelm Holzbauer | 1930

Friedrich Kurrent | 1931

Johannes Spalt | 1920–2010

Johann Georg Gsteu | 1927–2013

Seelsorgezentrum Steyr-Ennsleiten
Oberösterreich | 1958–61 | 1968–70

ÖA I – 102–103

*Friedrich Kurrent, Johannes Spalt und Johann Georg Gsteu hatten
die Seminare von Konrad Wachsmann an der Sommerakademie in
Salzburg besucht, welcher sich intensiv mit Vorfertigung beschäftigte.
Seiner Philosophie folgend sollte ein Bauwerk aus möglichst wenigen
Elementen errichtet werden und trotz dieser Minimierung räumliche
Vielfalt erzeugen. Die Baustelle war dementsprechend aufregend.
Obwohl die Kirche nach strengen rationalen Regeln entworfen wurde,
hat sie bis heute eine große atmosphärische Wirkung. Man kann
vielleicht behaupten, dass hier von Holzmeister beherrschte Raum-
wirkungen weiterentwickelt wurden.*

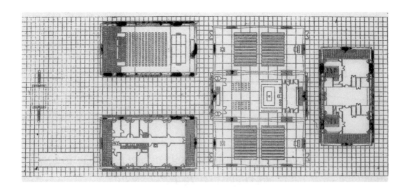

**Für die Gesamtanlage planten die Architekten vier Gebäude:
die Kirche, den Pfarrsaal, den Pfarrhof
und einen (letztlich nicht ausgeführten) Kindergarten.**

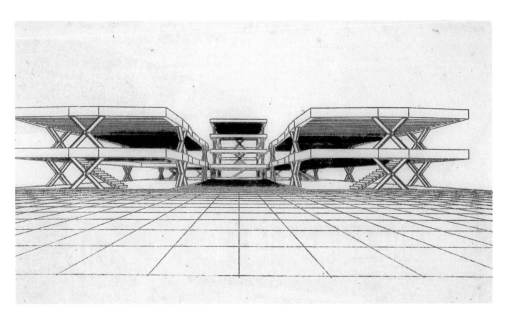

Durch die Stapelung und Aneinanderreihung von Modulen entwickelten sie die einzelnen Raumeinheiten. Die Module bestehen jeweils aus sechs X-Stützen (zur Aufnahme vertikaler und horizontaler Kräfte) und den Decken.

Der Vorteil der verwendeten Tragstruktur lag darin, dass Füllungen und Raumteilungen im Laufe der Jahrzehnte ausgewechselt werden können, ohne die Tragstruktur zu zerstören.

Die vorgefertigten X-Stützen wurden in Wien gegossen, am Bauplatz aufgestellt und mit Ortbeton gedeckt.

Die auf den Stützen liegenden Balken machen auch den Momentenverlauf sichtbar, was zu einem besseren Verständnis der Baustruktur führt.

Obwohl das Mittelschiff vier- und die Seitenschiffe der Kirche zweigeschossig geplant waren, wurden sie bei der Ausführung der Lichtgaden um jeweils ein Geschoß reduziert.

Die Pfarre, der Pfarrhof und der Veranstaltungssaal bestanden, im Gegensatz zur Kirche, nicht aus drei, sondern aus nur zwei Modulen übereinander.

Mit der heutigen Glastechnologie könnte die gesamte Struktur verglast und ein offener Raum erzeugt werden. Aufgrund der damaligen Technologie und der sich daraus ergebenden thermischen Probleme mussten die Architekten jedoch die Flächen schließen. Deshalb verwendeten sie außer an den Nahtstellen, an denen die Tragkonstruktion sichtbar blieb, vorgefertigte Wandelemente.

Im Gegensatz zur Kirche schlossen sie die Tragstruktur des Pfarrhofs an den Nahtstellen.

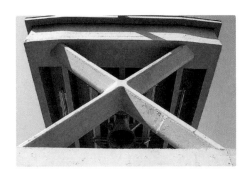

Auch für den Glockenturm verwendete die arbeitsgruppe 4
die architektonischen Grundelemente des Entwurfs.

Karl Schwanzer | 1918–1975
Kirche Pötzleinsdorf
Wien | 18. Bezirk | 1958–63

ÖA III/2 – 205–206

Karl Schwanzer, der zunächst als Ausstellungsarchitekt bekannt wurde,
konzipierte die Kirche als schlichten,
auf den Altar konzentrierten Bau
über trapezförmigem Grundriss.
Er setzte sie
mit einer besonderen Verkehrssituation
in Verbindung: der Wendeschleife
der Straßenbahn.

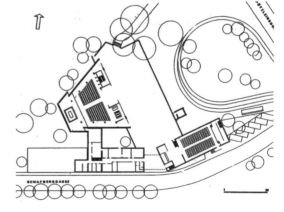

Der Kirchenraum folgt dem Konzept einer Saalkirche,
hat eine seitlich beleuchtete Apsis, und bezieht sich
mit der einfachen, warmen Materialstruktur der Sichtziegelwand
auf den deutschen Kirchenbau,
etwa auf die Kirchen von Rudolf Schwarz.

87

Oswald Haerdtl | 1899–1959
Arabia Espresso | Kohlmarkt
Wien | 1. Bezirk | 1950

ÖA III/1 – 76

In den 50er Jahren gab es eine Einrichtungswelle, die stark von Italien geprägt war. Die Wiener pflegten Kontakte mit ihren Kollegen aus Mailand und Venedig. Die Italiener kannten Adolf Loos und Otto Wagner und Oswald Haerdtl war ein Freund von Gio Ponti. Haerdtl brachte die italienischen Espressi nach Wien, worüber sich die Leute furchtbar aufregten. Sie empfanden die Espressi als Bedrohung für die Wiener Kaffeehauskultur. Zum Teil stimmte diese Befürchtung, denn die Wiener Kaffeehäuser veränderten sich danach tatsächlich.

 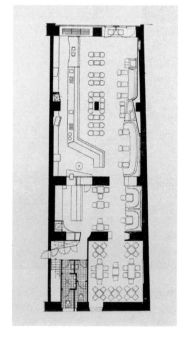

Oswald Haerdtl war eine zentrale Figur des Aufbruchs der 50er Jahre. Das Arabia-Espresso zeigte auch noch Elemente der Ausstellungs-architektur der 30er Jahre.

Er schuf eine bunte und zukunftsweisende Rauminszenierung
sowie eine Einrichtungsarchitektur, die im Zeichen des optimistischen
Wirtschaftsaufschwungs stand und großes Interesse weckte.

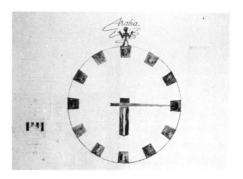

Damals war es noch üblich,
dass der Architekt jedes kleinste Detail
entwarf, was nicht heißt,
dass ihm nicht auch städtebauliche
Planungen zugemutet wurden.

Oswald Haerdtl | 1899–1959
Tanzcafé Volksgarten
Wien | 1. Bezirk | 1954–58

ÖA III/1 – 79

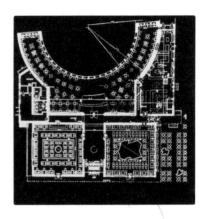

Das Tanzcafé entstand durch die Erweiterung
eines klassizistischen Pavillons
von Josef Kornhäusel, einem führenden Architekten
des Wiener Biedermeier.

Es ist typologisch der Pavillonarchitektur zuzuordnen.

Oswald Haerdtl | 1899–1959
Milchpavillon Volksgarten
Wien | 1. Bezirk | 1951

Haerdtls Cafés und Ladenbauten
erzielten in ihrer Zartheit, Materialbewusstheit und Offenheit
eine große Wirksamkeit in der damaligen Zeit.

Zwar gab es damals gegen diese Art von Architektur eine Opposition,
aber heute werden Bauwerke, die über 50 Jahre alt sind, wieder geschätzt.
Bei einem Bau sind 30 Jahre eine kritische Zeit, denn es ist die Zeit,
in der »Vatermörder« am Werk sind. Ich bezeichne das deshalb so,
weil die Söhne alles besser wissen als die Väter. Die Großväter dagegen
werden wieder geschätzt. Ein Bau muss demnach 50 Jahre überleben,
damit er langfristig Bestand hat.

Die Beziehungen zwischen Innen- und Außenraum,
zwischen offenen und gedeckten Flächen
waren gut ausgewogen.

Die Möbel des Milchpavillons erinnerten an den Jugendstil,
obwohl dieser dem Zeitgeschmack nicht entsprach.

Traude Windbrechtinger | 1922
Wolfgang Windbrechtinger | 1922–2011
Volksheim Kapfenberg
Steiermark | 1957–58

ÖA II – 221

Wolfgang und Traude Windbrechtinger, ein österreichisches Architektenpaar,
studierten in Graz, arbeiteten danach einige Jahre in Deutschland
und konnten nach ihrer Rückkehr nach Wien im Jahr 1956 als ihren ersten Bau
das Volksheim Kapfenberg realisieren.

*Heute wirkt das Volksheim wie eine ganz normale Anlage. Man kann
sich gar nicht vorstellen, dass dies eines der vier Gebäude Österreichs
war, die Kidder Smith in seinen Europa-Architekturführer aufnahm.
Daran sieht man, wie rar solche Anlagen in Österreich waren.*

Wolfgang und Traude Windbrechtinger
gestalteten die Anlage kompakt
und in sich geschlossen.
Besondere Beachtung schenkten
sie den Details.

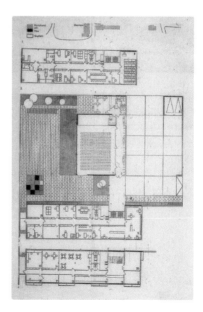

Roland Rainer | 1910–2004
Böhlerhaus
Wien | 1. Bezirk | 1956–58

ÖA III/1 – 13–14

Der Entwurf dieses rationalistischen Bürogebäudes galt damals als Sensation.
Rainer plante die Anlage zweihüftig.
Die Räume lagen aufgereiht an einem schmalen Gang,
der den rationellen Entwurf des Gebäudes
betonte.

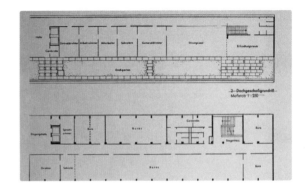

Die Räume im obersten Geschoß grenzten an eine Dachterrasse,
zu der die Generaldirektion Zugang hatte.
Sie bot durch die innerstädtische Lage des Gebäudes –
gegenüber der Akademie der bildenden Künste –
eine schöne Aussicht.

An der Gestaltung des Sitzungssaals und anderen Gebäudeteilen
beteiligten sich verschiedene Künstler.

Die Details des Gebäudes erinnerten
an die Studienzeit Roland Rainers
in den 30er Jahren, auch wenn die Handläufe
nicht mehr die Handfreundlichkeit
dieser Zeit besaßen, sondern eher formale
Elemente darstellten.

Die Innenausbauten zeugten
von einer großen Materialsensibilität.

Karl Schwanzer | 1918–1975
Museum des 20. Jahrhunderts
Wien | 3. Bezirk | 1958 | 1960–62

ÖA III/1 – 118–119

Als der Pavillon in Brüssel demontiert wurde, gab es Gerüchte, dass er in Linz aufgestellt werden sollte. Es wäre eine aufregende Geschichte gewesen, aber die Linzer wollten ihn nicht. Und so wurde er in Wien wieder aufgebaut und zum 20er Haus – zu einem stark frequentierten Museum des 20. Jahrhunderts (heute 21er Haus). Da die für einen Pavillon wesentliche Vollverglasung für eine ständige Kunstausstellung nicht geeignet war, zeigte das Gebäude in seiner neuen Funktion als Museum bald Schwächen. Es tat einem das Herz weh, wenn man das Museum im Juli betrat und die Ausstellungsgegenstände der Sonne ausgesetzt waren.

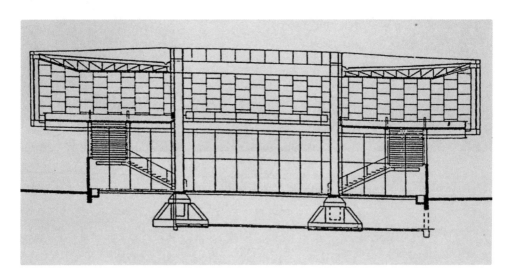

Ursprünglich stand der auskragende Pavillon auf vier Stützen. Das Obergeschoß wurde über Freitreppen erschlossen.

100

Der offene Pavillon, den Karl Schwanzer anlässlich der Weltausstellung
in Brüssel 1958 gestaltete, verfügte über ein innenliegendes Atrium
und eine zweigeschossige Ausstellungsfläche. Der kommunizierende Hof
war gedeckt und dessen Mitte konnte für Veranstaltungen
genützt werden.

Die Adaptierung zum Museum in den 60er Jahren
war ein schwieriges Unterfangen.
Hierfür blieb zwar das strukturelle Skelett erhalten,
aber das Raumvolumen wurde geschlossen.

In den 60er und 70er Jahren ereignete sich dort unglaublich viel.
Es gab Ausstellungen zur Kunst der Gegenwart und moderne
Veranstaltungen. Ich besuchte damals eine Veranstaltung, in der
der amerikanische Tänzer Merce Cunningham mit seiner Tanzgruppe
eine Choreographie mit einem Bühnenbild von Rauschenberg gemacht
hat. Nachdem sich die Tänzer in diesem Raum aufgewärmt hatten,
entwickelten sie nach und nach eine Choreographie, ohne dass es
einen konkreten Anfang oder Schluss gegeben hätte. Es fanden ganz
tolle und aufregende Veranstaltungen in diesem Haus statt und
es hat wirklich gut funktioniert.

Mittlerweile wurde das 20er Haus
erneut – nach den Plänen des
Architekten Adolf Krischanitz – umgebaut.
Dank der neuen Glastechnologie ergab
sich eine Verbesserung der klimatischen
Situation. Die Freitreppen konnte man
aus Gründen des Brandschutzes
nicht erhalten. Außerdem schuf man
einen Skulpturenpark um das Museum
und ein weiteres Gebäude für
Verwaltungszwecke.

Margarete Schütte-Lihotzky | 1897–2000

Kindergarten Kapaunplatz

Wien | 20. Bezirk | 1950

ÖA Wien III/1–271

Margarete Schütte-Lihotzky wurde immer nur mit der
Frankfurter Küche assoziiert, was sie sehr betroffen machte.
Sie studierte Architektur bei Oskar Strnad, bevor sie Ernst
May nach Frankfurt holte und sie an Wohn- und Schulbauten
beteiligte. Dort entwickelte sie die berühmte »Frankfurter
Küche«, die allein in den Siedlungen Frankfurts in 30.000-
facher Ausführung eingebaut wurde. Nach dem Machtwechsel
1933 verließ Schütte-Lihotzky mit Ernst May das ehemals
linksgerichtete Bauamt und ging nach Moskau. Bis zum
Beginn der stalinistischen Zeit arbeiteten sie in Moskau
an einigen Projekten. Danach ging Schütte-Lihotzky in die
Türkei, kehrte aber noch vor Ende des Krieges nach Wien
zurück. Als Mitglied einer Widerstandsgruppe wurde sie
verhaftet, zum Tode verurteilt, im letzten Moment begnadigt
und zu lebenslanger Haft verurteilt. Nach ihrer Befreiung
zu Kriegsende verschlug es sie nach Bulgarien, wo sie kurz-
fristig im Stadtbauamt von Sofia tätig war. 1947 kam
Grete Schütte-Lihotzky mit ihrem Mann Wilhelm Schütte
endgültig nach Wien zurück, wo sie als freie Architektin tätig
war, allerdings bis auf diesen Kindergarten keine öffentlichen Aufträge erhielt.

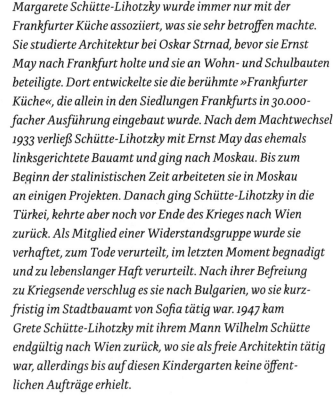

**Sie verband die Außenräume und Terrassen
mit den Gruppenräumen und schuf
damit eine lebendige Beziehung von Innen-
und Außenraum.**

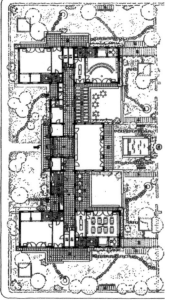

Trotz des modernen Konzepts entwarf Schütte-Lihotzky für diesen
Kindergarten ein Satteldach. Sie konnte sich glücklich schätzen,
in Wien einen Auftrag zu bekommen und fügte sich den Gegebenheiten
der 50er Jahre.

Zur Ausstattung der Gruppenräume verwendete sie bewegliche
Elemente. Je nach Bedarf und Größe der Kindergartengruppe
konnten die Räume adaptiert, das heißt nischenartig unterteilt und
um Rückzugsräume bereichert werden. Bis heute erfüllt
der Kindergarten alle modernen pädagogischen Ansprüche.

Bezüglich des Bauens für Kinder gab es zwei Denkschulen: ein Ansatz sah vor, dass die Anlage kindgerecht und die Größe und Höhe der Möbel auf die Bedürfnisse der Kinder abgestimmt sein sollte. Es gab aber auch die andere Ansicht, die sich darauf bezog, dass Kinder sehr gerne die Sachen der Großen benützen. Es wäre ein Zeichen der Tüchtigkeit, wenn sie schon hinaufkraxeln und die großen Dinge benützen könnten. Ich weiß nicht, was richtig ist, aber damals machte man alles möglichst kindgerecht. Man sieht, wie liebenswürdig solche Räume sein konnten.

Arbeitsgemeinschaft C4

Max Fohn | 1932–2011

Helmut Pfanner | 1928–1972

Karl Sillaber | 1932

Friedrich Wengler | 1930–1979

Volksschule Nüziders

Vorarlberg | 1959–63

ÖA I – 452

In Vorarlberg herrschten aufgrund der starken Beziehung zur Schweiz bessere Arbeitsbedingungen.

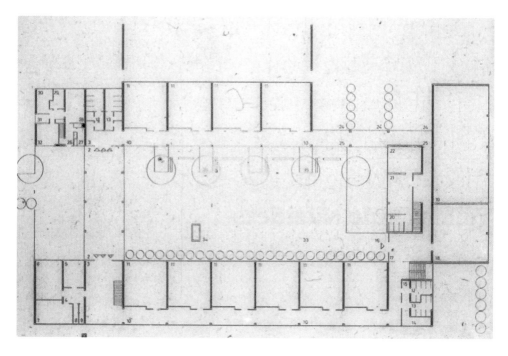

Die Arbeitsgemeinschaft C4
plante die erste Volksschule in
Nüziders mit zwei Klassen-
trakten, einem Erschließungs-
gang, wie es der damaligen
Norm entsprach, und einem
geschlossenen Hof.

Der Hof wurde im Bereich der Eingänge gedeckt.

Eine gute Belichtungssituation der Klassen ergab sich
durch große Fensterelemente auf der einen und ein Fensterband
Richtung Gang auf der anderen Raumseite.

Wilhelm Schütte | 1900–1968
Sonderschule Floridsdorf
Wien | 21. Bezirk | 1959–61

ÖA III/3 – 176–177

Wilhelm Schütte, der Ehemann von Margarete Schütte-Lihotzky,
verwirklichte bei dieser Schule Freiklassen,
die aufgrund des Klimas bedauerlicherweise nicht gut angenommen wurden.

Die geräumigen Gänge
können flexibel und abwechslungsreich
genutzt werden.

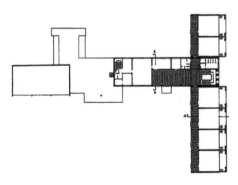

Durch die Beziehungen zwischen
Innenraum, Zwischenraum und Freiraum
bewies Schütte ein hohes Maß
an räumlicher Sensibilität.

Viktor Hufnagl | 1922–2007
Hauptschule Altmünster
Oberösterreich | 1958–68

ÖA I – 23

*Viktor Hufnagl war ein Oberösterreicher und wuchs ebenso
wie Johannes Spalt in Gmunden auf. Hufnagl war der Sohn eines
Holzknechts, Spalt der Sohn des Stadtbaumeisters in Gmunden.
Der Bub des Holzknechts wollte dem Buben des Stadtbaumeisters
zeigen, was er kann. Ihre Konkurrenz hat das Leben beider
beeinflusst. Die arbeitsgruppe 4 mit Johannes Spalt entwickelte das
erste Modell einer Hallenschule – aber Hufnagl war der Erste,
der eine solche Schule baute.*

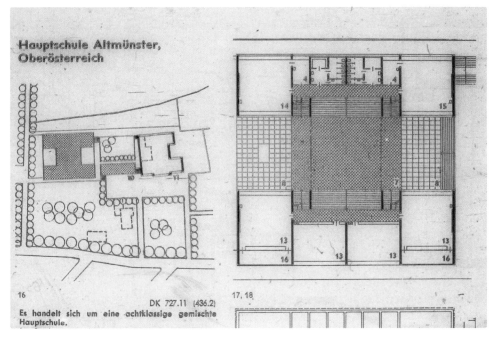

Hauptschule Altmünster,
Oberösterreich

16

DK 727.11 (436.2)

Es handelt sich um eine achtklassige gemischte
Hauptschule.

17, 18

Diese Hallenschule bestand
aus zwei Trakten mit Klassenzimmern,
Neben- und Sanitärräumen.

Die Verbindung der beiden Klassentrakte
durch die Halle und der damit verbundene
Ausblick in den Innenhof entwickelten
eine hohe räumliche Qualität.

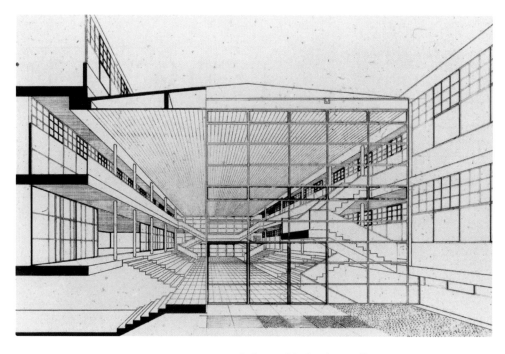

Durch den verbindenden Hallenraum gewann
die Schule einen Festraum mit Galerie für
Veranstaltungen, Theateraufführungen et cetera.

Heute ist ein solcher Hallenraum selbstverständlich –
damals markierte er einen wichtigen Fortschritt im Schulbau.

Die 1960er Jahre

Die jungen österreichischen Architekten, vor allem jene,
die in den 50er Jahren die Vereinigten Staaten bereist hatten,
kritisierten die europäische funktionalistische Architektur der
Nachkriegszeit und setzten auf eine radikale Erweiterung des
Architekturbegriffs. Mit ihren Projekten, visionären Konzepten
und vielfältigen Manifesten betonten sie den Kunstcharakter der
Architektur, aber auch deren notwendige Erweiterung in unterschiedliche Bereiche wie Stadtforschung, Soziologie, Semantik,
Planungstheorie et cetera. Allerdings hatten diese Tendenzen
zunächst kaum Chance auf eine Realisierung von Projekten, wenn
man von kleinsten Bauaufgaben wie etwa Ausstellungen oder
Innenausstattungen von Geschäften absieht.

¶   Die theoretischen Auseinandersetzungen dieser Strömung
fanden in Österreich hauptsächlich an den Technischen Hochschulen Wien und Graz statt. Ich kann im Folgenden auf diesen
experimentellen Zweig der Architekturentwicklung der 60er
Jahre nicht näher eingehen, denn in den hier gehaltenen Vorlesungen steht das Gebaute im Vordergrund, also ein begrenztes
Feld der Architekturgeschichte. Zu bedenken ist außerdem, dass
die Auswahl der Objekte nicht nur subjektiv erfolgte, sondern
auch durch das selbst erarbeitete Fotomaterial beschränkt ist.

¶   Lag der Schwerpunkt in den 50er Jahren hauptsächlich
auf dem Wohnungs- und Kirchenbau, kommen jetzt zu diesen
Kategorien noch Kultur-, Bürobauten und Schulen dazu, das
heißt, der wirtschaftliche Aufschwung manifestierte sich auch
in der Vielfalt des Baugeschehens und in einer merklichen
Steigerung des architektonischen Niveaus.

¶   Im Schulbau bemühten sich einige Architekten um
die Entwicklung neuer Raumkonzepte, so entstanden etwa die
ersten Hallenschulen oder besondere Prototypen, wie etwa
die gut ausgestatteten einklassigen Volkschulen im
Bregenzerwald.

¶   Im Kirchenbau, der mit den meisten Beispielen (14) vertreten ist, erfuhr das Jahrzehnt einen Höhepunkt der architektonischen Vielfalt. Die Bandbreite reichte von strukturell strengen Ansätzen (arbeitsgruppe 4, Gsteu, Uhl), über die »klassische Moderne« (Rainer, Hiesmayr) und individualistische Konzepte (Domenig | Huth) bis zu rein künstlerischen Entwürfen (Wotruba).

¶   Generell entsteht in diesem und im nächsten Jahrzehnt die größte Vielfalt an architektonischen Positionen, während in den Jahren bis 2000, durch eine allgemeine Hebung der Niveaus, wieder eine gewisse Annäherung der Standpunkte zu beobachten ist.

Roland Rainer | 1910–2004
Eigenes Haus
Wien | 13. Bezirk | 1964–66

ÖA III/2 – 64–65

Roland Rainers eigenes Haus in Wien-Hietzing verfügte wie viele seiner Wohnhäuser über einen mit Mauern umgebenen Hof. Der vergleichsweise versteckte Eingang führte in das Studio. Von dort aus betrat man einen Gebäudeteil mit Wohnzimmer und großer Küche. Der andere Teil beherbergte die Schlafräume.

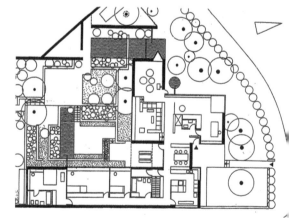

Die Innen- und Außenräume setzte Rainer in eine enge Beziehung, da er den Garten als Wohnraum im Freien, als künstlerisch gestaltete Natur betrachtete.

Roland Rainer war ein Gartenfreund. Der Garten war für ihn wesentlicher Bestandteil seiner Architektur. Er nahm bei der Planung Rücksicht auf bestehende Bäume und baute um sie herum.
Sein eigener Garten war aber auch deshalb so schön, weil seine Frau ihn liebevoll betreute.

Roland Rainer | 1910–2004
Siedlung Puchenau I
Oberösterreich | 1965–69

ÖA I – 81–84

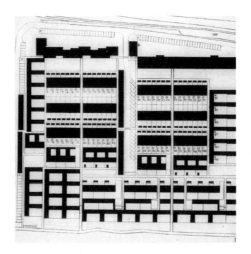

Ebenso reagierte Rainer in bemerkenswerter Weise
auf den umgebenden Landschaftsraum:
Nord- und straßenseitig liegen die viergeschossigen Wohnblöcke,
um die zur Donau hin abgestuften Reihenhäuser
(zwei- und eingeschossig) gegen den Verkehrslärm zu schützen.

Die Zonen zwischen den Häusern gestaltete er als Grünflächen,
die sukzessive zuwuchsen und gemeinsam mit den Höfen
den Wohnraum um einen qualitätsvollen Außenraum erweiterten.

Die Siedlung Puchenau stellt ein berühmtes Beispiel
für den verdichteten Flachbau dar. Dabei nutzte Roland Rainer
das Konzept der Verdichtung, um mehr Privatheit zu erzeugen.
Gleichzeitig systematisierte und variierte er
den Typus des Atriumhauses, um die Privatsphäre
der Bewohner besonders zu schützen.

Von den Parkplätzen erreicht man
die Häuser über gedeckte Fußwege.
Diese Gänge bieten nicht nur Schutz
gegen die Witterung, sondern
werden von Kindern auch gerne
als Spielplatz genutzt.

Der südliche Wohngarten
als besondere Kontaktzone und einladend
für neugierige Architekturstudenten.

*Die Kritik an den ummauerten, noch spärlich bewachsenen Gärten
war zuerst sehr groß. Die Nachbarn sprachen zunächst sogar von
einem »Rainer-KZ«, die schlimmste Bezeichnung für eine Siedlung
überhaupt. Heute wirken die Höfe wie grüne Oasen. Manche Bewohner
erhöhten sogar die Wände, weil ihnen zwei Meter zu niedrig erschienen.
Sie wollten einen bereits geborgenen »Wohnraum im Freien« noch
zusätzlich schützen. Aus dem wechselhaften Spiel zwischen Privatheit
und Öffentlichkeit entwickelte Rainer also eine besonders interessante
und lebendige Wohnform.*

Die Haustypen unterscheiden sich also sehr im Hinblick auf die Lage der Gärten. Die Hakenhäuser umschließen auf zwei Seiten mit Mauern den Außenraum. Damit liegt der Wohnteil im rechten Winkel zum Schlaftrakt, was die Räumlichkeit des Gartens noch besonders betont.

In der Gartenstadt Puchenau machte ich die Erfahrung, dass eine höhere Chance besteht, eine Wohnung zu besichtigen, wenn ihr Eingang vorne auf der Wohnseite liegt. Ein Eingang, der in Verbindung mit dem Wohn- und Essbereich stand, vielleicht noch einen Garten vorgelagert hatte, ermöglichte unserer Studentengruppe mit den Eigentümern ins Gespräch zu kommen. Wenn im Gegensatz dazu der Eingang hinten in Verbindung mit dem Koch- oder Schlafbereich lag und auch gerade mal jemand beim Küchenfenster hinausschaute, hatte man trotzdem keine Chance, mit einem Rudel an Studenten hineinzukommen. Diese merkwürdige Erfahrung hat etwas mit der Kommunikation des Wohnbereichs zu tun.

Hans Purin | 1933–2010
Siedlung Halde
Bludenz | Vorarlberg | 1968–72

ÖA I – 406–407

Die Betonscheiben
zwischen den Holzhäusern hatten auch
die Aufgabe, den Hang zu stützen.
Die Häuser sind extrem sparsam konstruiert,
so haben etwa die Decken ein Stärke von 6 cm.
Die Hellhörigkeit ist für ein
Einfamilienhaus kein Problem.

Aufgrund der steilen Hanglage
war das Grundstück preiswert,
was vor allem den finanziellen Möglichkeiten
von Jungakademikern entgegenkam:
Lehrer, Grafiker und Literaten schlossen sich
zu einer kleinen Genossenschaft
zusammen.

126

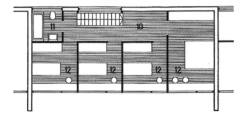

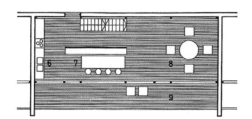

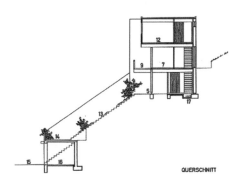

QUERSCHNITT

Die Wohneinheiten bestehen jeweils aus drei Geschossen:
einem Untergeschoß, einem Wohngeschoß mit offener Küche
und geräumigem Essbereich sowie einem Schlafgeschoß
für Familien bis zu sechs Personen.
Gedeckte Parkplätze befinden sich auf Straßenniveau.

Alle Wohnungen verfügten über gedeckte Terrassen,
die einen schönen Ausblick auf Bludenz erlaubten.

Karl Odorizzi | 1931
Holzhaus in Pichl bei Wels
Oberösterreich | 1968–72

ÖA I – 80

Das kinderfreundliche Holzhaus war ein Affront gegen das »bürgerliche Wohnen«. Es gab keine funktionale Separierung der Räume, schon gar nicht repräsentative, wie die »schöne Stube«, die nur an Feiertagen für Besucher geöffnet wurde. Sondern es gab Räume, die je nach Lebenszyklus unterschiedlich genutzt werden konnten.

Für die Gestaltung dieses liebenswürdigen Holzhauses wählte Karl Odorizzi die »Baracke« als konstruktiven Prototyp zum Vorbild.

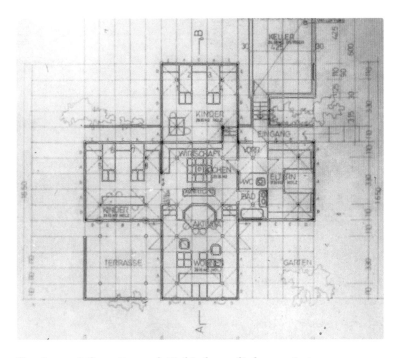

Um einen mittleren Raum als Verbindungsglied arrangierte er quadratische Raumelemente, in denen sich das Elternschlafzimmer, der Wohnbereich, der Essplatz und zwei Kinderzimmer befanden.

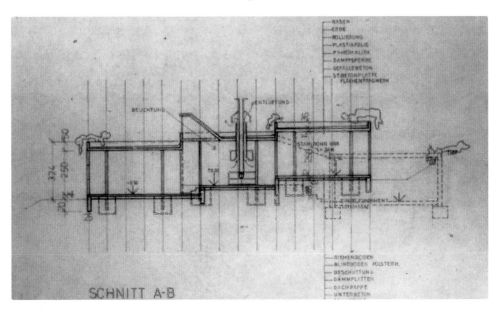

Aufgrund der leichten Hanglage des Grundstücks passte Odorizzi die einzelnen quadratischen Bauelemente höhenversetzt an die Topografie des Bauplatzes an.

Durch tiefer liegende Fenster konnten die Kinder vom Bett aus unmittelbar nach draußen schauen.

Im Gegensatz zu früheren Interieurs spielte eine repräsentative Ästhetik überhaupt keine Rolle.

Hans Puchhammer | 1931
Gunther Wawrik | 1930

Landesmuseum

Eisenstadt | Burgenland | 1966–76

ÖA II – 457–458

In einem für
damalige Verhält-
nisse bedeutenden
Bauvorhaben
erhielten Hans
Puchhammer und
Gunther Wawrik
den Auftrag,
das Landesmuse-
um Eisenstadt
im ehemaligen
jüdischen Ghetto
zu errichten.

Dabei funktionierten sie das Wohnhaus eines wohlhabenden jüdischen Bürgers
durch einen Zubau zum Museum um.

Der Entwurf für das Landesmuseum resultierte aus einer sehr inten-
siven Auseinandersetzung mit einem alten Ensemble und seiner
Geschichte. Auch wenn es heute kaum mehr verständlich ist, Mitte
der 60er Jahre war es höchst aufregend, einen modernen Bau
mit historischer Bausubstanz zu konfrontieren.

Die Architekten nahmen auf die bestehende Baustruktur Rücksicht (ohne sie stilistisch nachzuahmen) und erweiterten sie durch eine glasgedeckte, mit Beschattungselementen ausgestattete Ausstellungshalle.

Ebenso bewiesen die Architekten bei der Gestaltung der gewölbten Kellerräume einen sensiblen Umgang mit dem Altbestand.

Gustav Peichl | 1928

ORF-Landesstudio Dornbirn
Vorarlberg | 1968–73

ÖA I – 426

Ende der 60er Jahre entwickelte Gustav Peichl einen Prototyp für die Länderstudios des ORF, der auf die unterschiedlichen Topografien in den Landeshauptstädten reagieren konnte.

**Als Grundform wählte er den Kreis,
da er diesen mit Anbauten für
Technik, Studios oder Büros
in alle Richtungen erweitern konnte.
Außerdem ließ ihn die Form
des Kreises neutral
auf die Gegebenheiten des
Bauplatzes reagieren.**

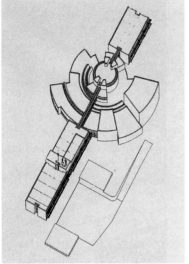

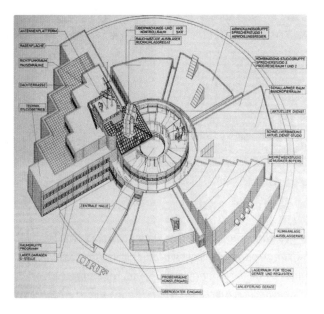

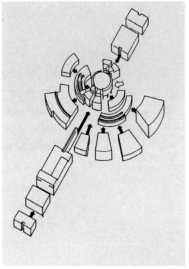

*Die etwas martialisch aussehenden Lüftungsrohre erinnerten an ein
Schlachtschiff. So war es naheliegend, den damaligen Generalinten-
danten Gerhard Bacher zum »Admiral« zu ernennen. Die Zurschau-
stellung der dominanten technischen Innenausstattung reflektierte
nicht nur den Zeitgeist, sondern hatte gerade für ein modernes
Funkhaus eine besondere symbolische Bedeutung.*

Es gab in der ausgestellten Funktionalität auch Attrappen, wie bei zwei überflüssigen Lüftungsrohren entdeckt wurde. Der Architekt brauchte sie wegen der Symmetrie und der Raumwirkung. Andere behaupteten allerdings, dass bei einem hochtechnischen Gebäude auch Reserven gebraucht würden, weil man die Entwicklung der Technik nicht voraussehen könne.

¶   Peichls Konzept bewährte sich. Leider wurden, als Folge der Ölkrise und der späteren Wärmeschutzauflagen die Häuser eingepackt, was einen enormen ästhetischen Schaden bedeutete. Nur das Studio in Dornbirn blieb im Original erhalten, alle anderen wurden mit Isoliermaterialien zugeklebt.

Kaija Sirén | 1920–2001
Heikki Sirén | 1918–2013

Brucknerhaus

Linz | Oberösterreich | 1962 | 1969–73

ÖA I – 156–157

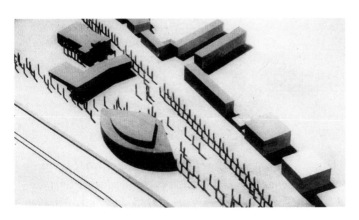

Die beiden finnischen Architekten und Schüler von Alvar Aalto gewannen mit ihrem Entwurf den Wettbewerb für das Brucknerhaus in Linz. In bemerkenswerter Weise reagierten sie auf den urbanen Raum und banden das Gebäude in die Uferlände der Donau ein.

137

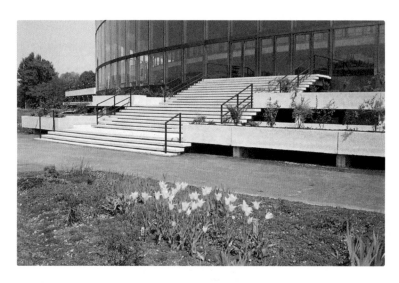

Dazu ließen sie das Gebäude in ein System von Terrassen übergehen, die sich zur Donau hin abtreppen. Die dem Kreissegment des Saales folgende hohe Pausenhalle erlaubt einen schönen Ausblick auf Donau und Pöstlingberg.

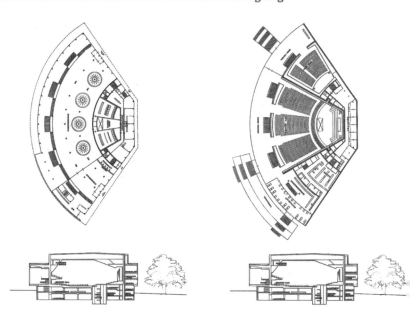

Die Organisation der Garderoben als runde Inseln erlauben einen fließenden Zu- und Abgang.

Den aus Deutschland importierten Klassizismus haben die Finnen schon im 19. Jahrhundert als Steinbauten erscheinen lassen. So sind alle Rathäuser in den kleineren Städten aus Holz. Im Land der großen Wälder wurde also der aus dem Holz entwickelte Steinbau der Griechen wieder rückverwandelt.

Der in Holz ausgeführte Konzertsaal zeigt das hohe Niveau der an Alvar Aalto geschulten finnischen Innenarchitektur. Man könnte auch sagen, die akustische Qualität des Konzertsaales kann man auch sehen.

Obwohl mit eloxiertem Aluminium ausgeführt, ähnelt die Fassade einer Holzverkleidung. Hier wird das Tabu der »Materialgerechtigkeit« zugunsten der ästhetischen Wirkung gebrochen.

Helmut Eisentle | 1936
Bernhard Haeckel | 1933
Leopold Kaufmann | 1932
Volksschule Reuthe
Vorarlberg | 1960–63

ÖA I – 453–454

Für die Volksschule in Reuthe erweiterten Helmut Eisentle, Bernhard Haeckel
und Leopold Kaufmann die Klasse um ein Lehrmittelzimmer.

*Im Bregenzerwald gibt es seit jeher eine höchst entwickelte bäuer-
liche Wohnkultur. Das hat damit zu tun, dass es in Vorarlberg
schon im Barock Baugilden gab, die weit über die Grenzen hinaus
(Schweiz, Deutschland et cetera) gesuchte Handwerker hatten.*

Die Architekten entwickelten für den Schulbau im Bregenzerwald
den Prototyp einer einklassigen Volksschule,
der aber durch wesentliche Raumelemente modernisiert
und erweitert wurde.

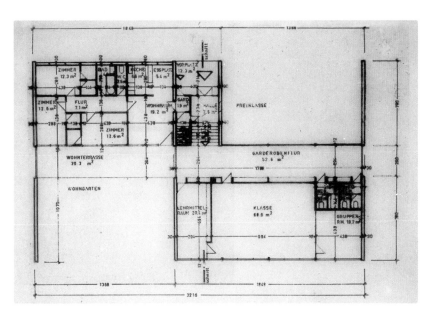

Die Lehrkräfte unterrichten alle Jahrgänge gleichzeitig, ein uraltes pädagogisches Modell, das sich in dünn besiedelten Gegenden entwickelt hat und heute auch in urbanen Regionen aktuell ist. Erfahrungsgemäß lernen die kleineren Kinder auch von den älteren.

Über einen breiten, brauchbaren Gang sind noch eine Lehrerwohnung und zusätzliche Räume erschlossen und schließlich ein hofartig gefasster Garten.

Günther Domenig | 1934–2012

Eilfried Huth | 1930

Katholische Pädagogische Akademie

Graz-Eggenberg | Steiermark | 1963–68

ÖA II – 361–362

In den späten 50er Jahren begannen Schweizer Architekten nach dem Vorbild Le Corbusiers plastische Sichtbetonbauten zu entwerfen. Förderer, Hunziker, Zwimpfer und andere Architekten machten die Verwendung von Sichtbeton zu ihrer »Religion«. Wie Wanderprediger zogen sie durch das Land und hielten Vorträge über ihre Architektur. An den Universitäten gab es kaum ein Projekt ohne überartikulierte Formen aus Sichtbeton, deren Gestaltung man »zwimpfeln« nannte.

Trotz der Bezüge zum Schloss Eggenberg realisierten Domenig und Huth einen freien und unkonventionellen Bau mit detailliert durchdachten Freiräumen.

143

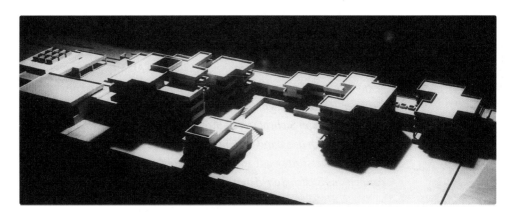

Die funktionell fixierten Räume verbanden sie durch
große flexible Raumeinheiten, in denen sich das studentische Leben
entfalten konnte.

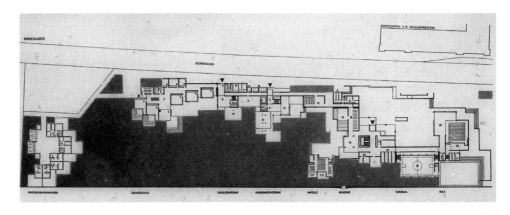

Sogar die Form der Heizzentrale machten die beiden
zum architektonischen Thema und gestalteten
sie als technisches Bauwerk mit plastischen Qualitäten.

Für die Gartengestaltung beauftragten
Domenig und Huth Bildhauer wie Barna von Sartory,
die skulpturale Elemente – ebenfalls aus Ortbeton –
schufen.

Die ausschließliche Verwendung
von Sichtbeton, Lärchenholz und Asphalt
erlaubte eine gewisse Freiheit,
bot aber auch Einheitlichkeit in der Gestaltung,
wie die räumlich akzentuierten
Treppenhäuser zeigen.

Viktor Hufnagl | 1922–2007

Hauptschule Weiz

Steiermark | 1964–68

ÖA II – 325–327

Viktor Hufnagl plante für die Gemeinde Weiz
eine große Doppelhauptschule.

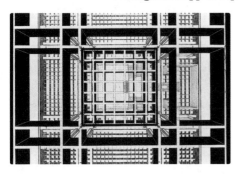
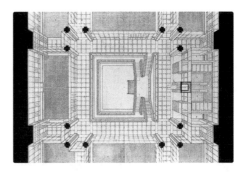

Hufnagl verwendete die Konstruktion des Gebäudes
als dominantes Entwurfselement und schuf so einen Systembau,
der eine große Freiheit in seiner Nutzung erlaubte.
Mithilfe von Schiebewänden konnten die Räume nicht nur abgetrennt,
sondern nach Belieben vergrößert oder verkleinert werden.

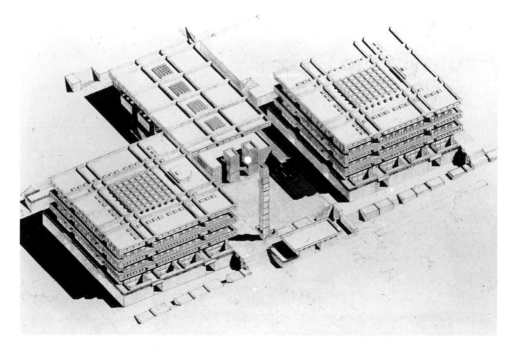

Sie besteht aus zwei Hauptgebäuden mit jeweils einer zentralen Halle, dazwischen ein Platz und daran anschließend die Turnhallen.

Die umlaufenden Balkone werteten die räumliche Qualität der Klassenräume auf und begünstigten den Schutz vor direkter Sonneneinstrahlung.

Die Halle konzipierte Hufnagl als Großraum, der flexibel genutzt
werden konnte. Die Balkonbrüstungen mit den Holzkugeln erinnerten
spielerisch an sogenannte »Rechenmaschinen«.

Karl Odorizzi | 1931
Volks- und Hauptschule Natternbach
Oberösterreich | 1965–71

ÖA I – 76

Karl Odorizzi war in den 60er und 70er Jahren die dominierende Persönlichkeit im oberösterreichischen Schulbau. Im Rahmen eines Wettbewerbs in Mattighofen präsentierte er einen sehr schönen Plan – ein Raumsystem –, vergaß aber auf die Klogruppen. Daraufhin schickte er den Plan einer Klogruppe in einem Kuvert mit der Bitte an die Jury, sie möge doch diese dort hinpicken, wo sie glaube, dass sie passe. Der damalige Landesrat für Schulbau, Bernaschek, sah darin eine ungeheure Frechheit. Aber letztlich dachte Odorizzi völlig richtig, denn er hatte ein offenes System entworfen, in dem es vollkommen egal war, wo man die Klogruppe einfügte. Bernaschek war so schockiert, dass er Odorizzi keinen Auftrag für einen Schulbau mehr gab.

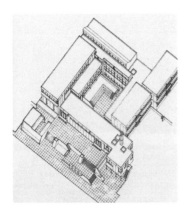

Für die Volks- und Hauptschule Natternbach plante Karl Odorizzi
eine großzügige Hallenschule mit einem in der Mitte liegenden,
erhöhten Hof.

Obwohl die Bautechnologie in den 60er Jahren
noch nicht weit entwickelt war und Probleme verursachte,
stellt die Schule nach wie vor ein gelungenes Beispiel
für gut funktionierende Schularchitektur dar.

Traude Windbrechtinger | 1922
Wolfgang Windbrechtinger | 1922–2011
Kindergarten Amstetten
Niederösterreich | 1966–68

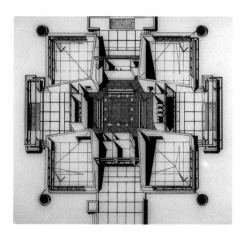

Traude und Wolfgang Windbrechtinger
aus dem Umkreis Roland Rainers
realisierten in den 60er Jahren wegweisende
Kindergärten und Wohnbauten. Generell
spiegelten die Konzepte vieler Architekten
für Kindergarten- und Schulbauten die
damalige Aufbruchsstimmung
wider.

Für den Kindergarten Amstetten entwickelten
die Architekten einen Gebäudetypus mit einer zentralen Halle,
vier Gruppenräumen und geschützten Freiräumen.

Sie betrachteten die Räume als bewegliche »Geräte«,
die vieles ermöglichen sollten, und legten großen Wert auf die Offenheit
der Raumkonzepte und die Bewegungsfreiheit der Kinder.

Rupert Falkner | 1930
Anton Schweighofer | 1930

Hallenschule
Fürst-Liechtenstein-Straße
Wien | 23. Bezirk | 1968–73

ÖA III/3 – 384

Falkner und Schweighofer
errichteten in Wien-Rodaun
eine Hallenschule
mit einem galerieartigen Umgang
und einer in der Mitte
liegenden wohnlichen Halle
für unterschiedliche Nutzungen.
Die Garderoben
liegen ein Geschoß tiefer.

Anton Schweighofer | 1930
Stadt des Kindes
Wien | 14. Bezirk | 1969–74

ÖA III/2 – 113

Die fortschrittliche Stadträtin Maria Jacobi wollte die bauliche Situation
der Kinderheime verbessern und ließ eine Anlage bauen, in der Kinder
wie in normalen Familien aufwachsen sollten. Das Konzept sah Häuser
für Großfamilien mit 8 bis 19 Kindern vor, die sich selbst versorgen
sollten, ein Haushaltsbudget bekamen, um unabhängig zu sein. Es war
in sozialer Hinsicht ein großzügiges Konzept, welches diesen vielfach
geschädigten Kindern ein gediegenes Wohnen bieten sollte. Außerdem
war geplant, dass durch die überdurchschnittliche Infrastruktur (Theater,
Schwimmhalle et cetera) die Kinder der »bürgerlichen« Nachbarschaft
die Anlage mitbenutzen sollten. Aber die Rechnung ging nicht auf.
Das Heim befand sich im 14. Bezirk, einer sozusagen »gehobenen«
Wohngegend, und die Nachbarn beschlossen, dass sie ihre Kinder nicht
mit diesen »Gfrastern«, den Verbrecher- und Alkoholikerkindern in
Berührung bringen wollten. Heute ist die Anlage nicht nur verwaist,
sondern größtenteils abgebrochen. Das Grundstück mit dem Restbestand
wurde an Bauträger verkauft und mit neuen Wohnungen bebaut.

Die alten Kinderheime in Wien glichen oftmals Gefängnissen
oder Kasernen. Sie waren trostlose Einrichtungen für Kinder
aus Problemfamilien, Waisen oder psychisch geschädigte Kinder,
für die nicht nur eine pädagogische oder soziale Hilfe
notwendig gewesen wäre.

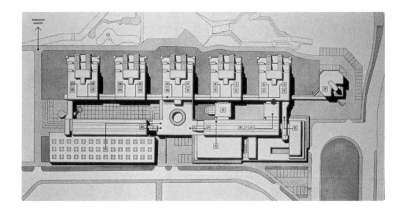

Im Gegensatz zu einem traditionellen Kinderheim
plante Anton Schweighofer für den 14. Bezirk eine »Stadt des Kindes«.
Vergleichbar mit einem »Dorf« bestand die Anlage
aus fünf viergeschossigen Wohnhäusern, einem Schwimmbad, Theater,
Turnhalle, einer kleinen Kapelle und einem Wohnhaus
für die Belegschaft, in einem schönen Park liegend.

Der besondere architektonische und soziale Mehrwert der Anlage
ergab sich auch durch den gemeinschaftlich nutzbaren Hof.

Innerhalb der Anlage gab es es ein Theater sowie einen kleinen
Streichelzoo mit Hasen und anderen Haustieren.

Die viergeschossigen Wohnhäuser bestanden aus je vier
zweigeschossigen Wohnungen und schön belichteten Freiräumen.

Im halböffentlichen Bereich der Anlage gab es gut belichtete Zonen,
die mit Oberlichten für die darunterliegenden Räume
ausgestattet waren.

Hans Hollein | 1934–2014
Kerzengeschäft Retti
Wien | 1. Bezirk | 1964–65

ÖA III/1 – 68–69

Der Geschäftsraum war ein kleines »Spuckerl«, wie eine Trafik, und äußerst raffiniert ausgenutzt. Hans Hollein erkannte, dass er den Raum – um ihn größer zu machen – unterteilen musste. Schon den Eingang bildete er als kleinen Raum aus. Dahinter setzte er einen oktogonalen Raum für die Ausstellungsstücke. Wiederum dahinter befand sich eine Art Verkaufslager, in dem man die Kerzen direkt kaufen konnte. Das Geschäft korrespondierte nur über eine schmale Glastür und zwei Vitrinen mit dem Außenraum. Dadurch wurden die Menschen auf das Innere des Geschäfts neugierig. Eine große Glasfläche hätte die Aufmerksamkeit der Passanten nicht in diesem Maße auf sich gezogen. Hier mussten sie fast wie durch einen Spion in das Geschäft hinein-schauen, wodurch Hollein eine interessante Kommunikation des Innenraums mit dem Außenraum gelang.

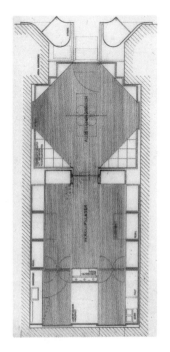

Bei der Gestaltung des Kerzengeschäfts
ließ sich Hans Hollein von der Technik,
der Raumfahrt und von den Details
des Wiener Kunstgewerbes der Jahrhundertwende inspirieren. Hinsichtlich des
verwendeten Materials dominierte
Aluminium, das Hollein mit beträchtlichem
Aufwand fast überdesignt einsetzte.

Das Design dieses kleinen Geschäfts
war sensationell. Dotiert mit 600.000 Schilling
gewann Hans Hollein als Anfänger den
Reynolds-Preis, der mehr als die
Baukosten betrug.

Günther Domenig | 1934–2012
Eilfried Huth | 1930
Rechenzentrum der VOEST Alpine
Leoben | Steiermark | 1969–74

ÖA II – 251–252

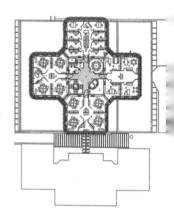

Für diesen Bürobau planten
Günther Domenig und Eilfried Huth
im Erdgeschoß einen Sockel
mit dem Eingang, der Information
und dem Pförtner sowie darüber
drei aufgeständerte Geschosse
mit Büroräumen.

In Bezug auf die Technologie war das Haus außergewöhnlich, da die gesamte Glasfassade mit drehbaren Jalousien geschlossen werden konnte.

Die Arbeitsräume wurden nicht geliebt, sie boten den Benutzern keine optimale Atmosphäre und die Sichtbeziehungen nach außen waren eingeschränkt.

arbeitsgruppe 4
Wilhelm Holzbauer | 1930
Friedrich Kurrent | 1931
Johannes Spalt | 1920–2010

Kolleg St. Josef

Aigen | Salzburg | 1961–64

ÖA I – 274–275

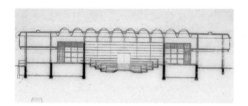 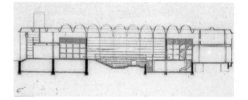

Da Anfang der 60er Jahre die Stahlkosten sanken, wurde das in Stahl-
beton konzipierte Objekt im letzten Moment umgeplant. So entstand
ein früher, für damalige Verhältnisse sehr interessanter Stahlbau.

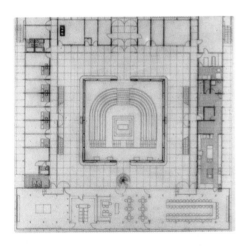

Das Stahlskelett folgte nicht der damals aktuellen Mies van der Rohe-Schule, sondern entwickelte, bedingt durch die Glaskuppeln des Flachdaches, eine räumlich betonte Struktur aus prägnanten Zellen, die den Räumen eine besondere Prägung gaben.

Im Zentrum des Kollegs liegt die Kapelle, umschlossen von einem Kreuzgang, den die Architekten auch als allgemeine Kontaktzone verstanden. Im Erdgeschoß liegen die versorgenden Räume wie Speisesaal und Küche, im Obergeschoß befinden sich die Zimmer der Studenten.

Johann Georg Gsteu | 1927–2013
Bildhauerunterkünfte St. Margarethen
Burgenland | 1962–68

ÖA II – 486–487

Im Steinbruch fand ab 1958 nach einer Idee des Bildhauers Karl Prantl das Internationale Bildhauersymposium statt. Es arbeiteten bedeutende Bildhauerinnen und Bildhauer aus vielen Nationen (vor allem aus »Ostländern«) im Sommer in einer sehr anregenden Atmosphäre zusammen. Material, Kost und Logis wurde ihnen kostenlos zur Verfügung gestellt. Vor allem für die Künstler aus den sozialistischen Ländern (Bulgarien, Rumänien, Jugoslawien) bedeuteten diese Kontakte sehr viel. Jedenfalls herrschte hier eine einmalige Atmosphäre.

Johann Georg Gsteu plante den Umbau einer aufgelassenen Kantine
für Steinbrucharbeiter in Bildhauerunterkünfte
in unmittelbarer Nähe des berühmten St. Margarethener Steinbruchs,
in dem im 19. Jahrhundert der Sandstein
für die Bauten der Wiener Ringstraße gebrochen wurde.

Gsteu plante zuerst, die steinernen Mauern der Kantine
mit Plastiktonnen zu decken.
Dies scheiterte aber damals an der Realisierbarkeit.

Stattdessen entschied er sich für ein Trägersystem aus Betonfertigteilen,
die er über die Steinstruktur legte. Gsteu ließ Öffnungen herausbrechen
und Pfeiler aus dem gleichen Bruchsteinmaterial einsetzen.

Die Räume waren nicht nur Orte der künstlerischen Auseinandersetzung,
sondern es fanden auch Ausstellungen statt.

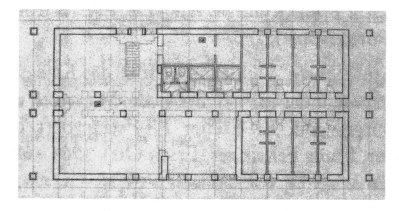

Das Haus besteht aus Schlafzellen, einer Küche, WC, Bad
und einem Gemeinschaftsraum, in dem gemeinsam gegessen
und Feste gefeiert wurden.

In die adaptierten Mauerelemente, die seine subtile Auseinandersetzung
mit den Eigenheiten des Ortes und dem Bestand zeigten, integrierte er Werke der Bildhauer.
Angelehnt an den Industriebau verwendete Gsteu einfache Eisenfenster.

Die einzelnen Räume wurden
nur während der Sommermonate benutzt.
Um eine direkte Sonneneinstrahlung
zu vermeiden und über angenehm
kühle Räume zu verfügen,
kragen die U-Träger weit aus.

Josef Lackner | 1931–2000

MK-Freizeitheim

Innsbruck | Tirol | 1963–64

ÖA I – 383–384

Für die Marianische Kongregation plante Josef Lackner ein Schulheim, das von den Jesuiten in Innsbruck mitbetreut wurde.
Der verkleidete Stahlbau bot außer den Unterkünften für die Studenten eine große Turnhalle und andere infrastrukturelle Einrichtungen.

Josef Lackners Konzept für das Freizeitheim war zunächst sehr beliebt. Als sich aber zwischen den 60er und den 90er Jahren ein anderes studentisches Leben entwickelte, wurde das Heim mangels Nutzung abgebrochen.

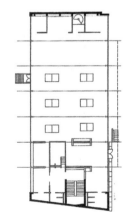

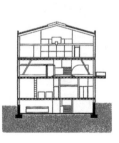

Die Möbel wurden meist aus elterlichen Altbeständen zusammengetragen,
deren zufällige Mischung auch eine lockere Atmosphäre garantierte
und entsprechend geschätzt wurde.

Für die Wände wurden Durisol-Ziegel verwendet, die,
ähnlich dem Filzboden, auch besonders schallschluckend waren.
Diese Materialien entsprachen besonders
den Ansprüchen der Jugend.

Traude Windbrechtinger | 1922
Wolfgang Windbrechtinger | 1922–2011
EKZ-Hietzing
Wien | 13. Bezirk | 1960–64

ÖA III/2 – 11

Mit dem EKZ-Hietzing wurde nicht nur eine kommerzielle Einrichtung geschaffen, sondern, nach dem urbanen Konzept des damaligen Wiener Stadtplaners Roland Rainer, ein lebendiges Bezirkszentrum errichtet. Heute saugen die an den Stadträndern gebauten Einkaufszentren meistens die Kaufkraft der Stadtzentren ab, so dass diese veröden. Das EKZ-Hietzing ist hingegen ein gelungenes Beispiel dafür, das urbane Leben zu stärken.

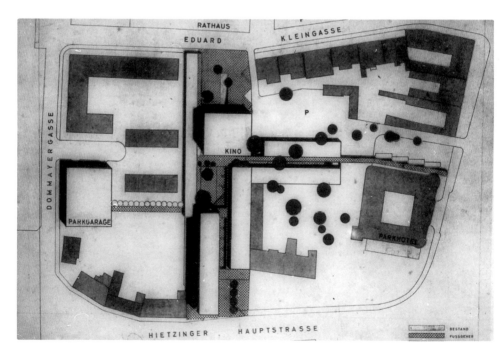

Dieses Einkaufszentrum planten Traude und Wolfgang Windbrechtinger nicht für den Stadtrand, sondern für das Zentrum von Hietzing.

Zwei Gebäudeblöcke mit Kaufhäusern und einem Kino
bilden einen intimen Platz,
welcher zum Rathaus hin durchlässig ist.

Die Künstlerin Maria Bilger
gestaltete die Stirnwand des Baublocks
zur Hietzinger Hauptstraße hin
mit einem Mosaik,
das bis heute ein markantes Element
im urbanen Ensemble ist.

Wilhelm Holzbauer | 1930
Bildungshaus St. Virgil
Salzburg | 1965–76

ÖA I – 258–259

Dieser Bau repräsentiert eine Phase der Arbeiten Wilhelm Holzbauers, in der auch eine Annäherung an die frühe Postmoderne sichtbar ist. Diagonale Zu- und Durchgänge erschließen den plastisch gestalteten Baukörper. Holzbauer verbrachte Ende der 50er Jahre einige Zeit in den USA, löste sich von der noch strengen europäischen Moderne und pflegte einen ins Künstlerische erweiterten Architekturbegriff.

Mit St. Virgil plante Holzbauer ein Bildungshaus,
in dem auch kleine Kongresse und Symposien abgehalten werden konnten –
im Sommer überwiegend auch von Gästen der Salzburger Festspiele
benutzt.

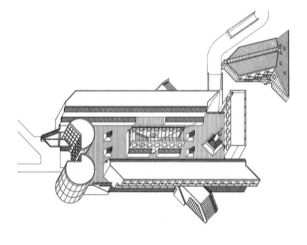

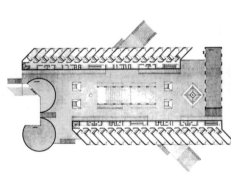

2. OG

174

Das Bildungshaus
ist von einer attraktiven Parklandschaft
umgeben.

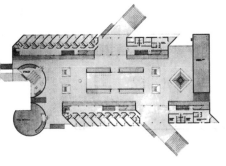

1. OG

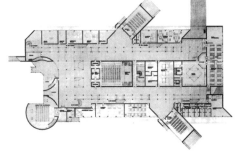

EG

Im Eingangsbereich plante Holzbauer
eine Kapelle in Form eines angeschnittenen Zylinders.
Über die durchgehende Halle kann auch
die am Dach liegende Terrasse erreicht werden.

Die Dachterrasse, auf der kleine Konzerte und kulturelle Veranstaltungen stattfanden, war vor allem für die Festspielzeit gedacht.

Die Dachterrasse ist heute praktisch zerstört. Es ist sehr schade um den sommerlich-festlichen Raum. Vermutlich war die Pflege, Einwinterung et cetera, dem Personal zu beschwerlich.

Gerhard Garstenauer | 1925
Felsenbad Bad Gastein
Salzburg | **1967–68**

ÖA I – 224

*Wenn man Gastein sagt, muss man auch Garstenauer sagen.
Gerhard Garstenauer prägte das gesamte Gasteiner Tal, in dem er nicht
nur Bad Gastein durch das Felsenbad und das Kongresszentrum einen
wichtigen Impuls setzte, sondern auch Sportgastein am Ende des Tals
in den 70er Jahren neu gründete und damit das gesamte Tal für
den Wintersport erschloss.*

**In seinen Bauten berücksichtigte Garstenauer
nicht nur die örtlichen Ressourcen,
sondern vor allem auch die Topografien des Gasteiner Tals.**

Das Felsenbad wurde buchstäblich aus dem Felsen gesprengt, dadurch geriet die rohe Struktur der Wände zum dominanten Element der Schwimmhalle.

Gerhard Garstenauer | 1925
Kongresszentrum Badgastein
Salzburg | 1968–74

ÖA I – 218–219

Bad Gastein war im späten 19. und frühen 20. Jahrhundert ein städtebauliches Phänomen. Man setzte Großstadt-, ja Ringstraßenarchitektur
in die Berge. Es ist bis heute ein Missverständnis, dass man sich in der
Landschaft den bäuerlichen Bauweisen anpassen müsse und Gerhard
Garstenauer hat dies auch nie getan. Die Entwicklung der Architektur
in Bad Gastein hing in den 60er Jahren nur von einer Person ab, dem
Bürgermeister Anton Kerschbaumer.

¶   Nach seinem Tod schliefen alle Initiativen ein. Seither scheinen
Politik und Verwaltung den Anforderungen einer hochklassigen
Tourismusgemeinde nicht mehr gewachsen zu sein.

**Mit dem Kongresshaus schuf Garstenauer inmitten der Stadt,
unmittelbar neben dem Wasserfall, einen besonnten Platz und damit
ein geräumiges, städtebauliches Zentrum.**

Der städtebauliche Gewinn besteht auch darin,
dass ein dominantes Bauwerk in den engen Verhältnissen
nicht urbanen Raum verdrängt, sondern schafft.

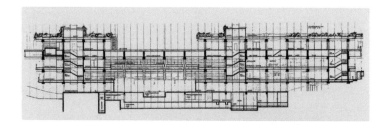

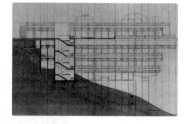

Die zwölf Meter langen Fertigteilträger wurden in Niederösterreich produziert und durch das Gasteiner Tal angeliefert. Die Herbeischaffung der Träger stellte eine logistische Meisterleistung dar, und auch die robuste Unterkonstruktion erforderte einen enormen baulichen Aufwand.

Unter dem Gebäude sieht man dessen eindrucksvolle
und robuste Struktur, die vom Marktplatz aus unbemerkt bleibt.

Die große Erschließungsebene bietet auch
einen wunderbaren Blick auf Stadt und Landschaft.

Johann Georg Gsteu | 1927–2013
Kirche Oberbaumgarten
Wien | 14. Bezirk | 1960–65

ÖA III/2 – 80–81

Die Kirche am Baumgartner Spitz
baute Gsteu, unter dem Einfluss von Konrad Wachsmann,
auf einem strengen Raster auf.
Die drei die Kirche umstellenden ebenfalls kubischen Baukörper
beherbergen Pfarrhof, Pfarrsaal und Räume für die Jugend.
Auf der vierten Terrasse steht der Glockenträger.

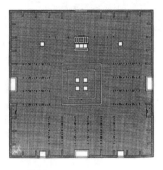

Alle Maße des
Bauwerks ent-
wickeln sich
aus der Einheit
18 Zentimeter
beziehungsweise
1,80 Meter.

Der kubische
Raum besteht
aus vier stützen-
freien, einander
nicht berühren-
den »Raumecken«,
getrennt durch
ein Lichtband.

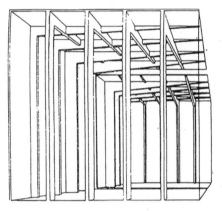
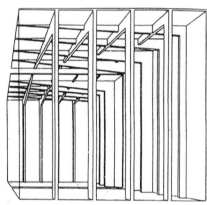

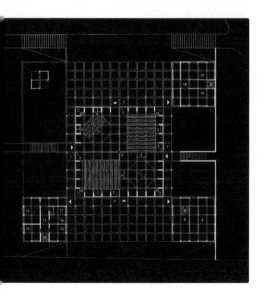
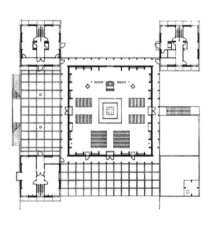

Die aufeinander zustrebenden und ausgreifenden Raumecken
geben dem Inneren der Kirche eine eigenartige Dramatik.

Selbst das Gestühl wurde aus dem gleichen modularen System entwickelt,
was dem Bau die strenge, geschlossene Wirkung verschaffte.

Die Perforierung der Decke sorgt für eine gute Akustik.
Eine dahinterliegende Dämmschicht fängt tiefe Frequenzen auf und verhindert Halleffekte.

Den Altar gestaltete Gsteu bewusst massiv. Auch beim massiven Taufstein kam das neue, durchscheinende Material Polyester zum Einsatz.

Ursprünglich plante Gsteu zwei diagonal gegenüberliegende Raumteile niedriger, um das Zentrum besser zu belichten. Da es jedoch damals nicht möglich war, die sich bewegenden, auskragenden Decken exakt zu beherrschen, wurden alle Raumteile in die gleiche Höhe gebracht.

Johann Georg Gsteu verwendete für die Lichtbänder Polyester. In diesem Kunststoff siedelten sich im Laufe der Zeit (durch UV-Einstrahlung) Mikroben an, die das Material braun, gelb und grün verwandelten. Japanische Besucher empfanden diese Verwandlung als natürlichen Vorgang und waren begeistert. Vielleicht hätte uns Europäer diese »Verdreckung« auch einmal gefallen.

Die Teilung des Raumes in vier Elemente führte später zu einer symbolischen Deutung: Die Kirche wurde den »Vier Evangelisten« geweiht.

Ernst Hiesmayr | 1920–2006

Kirche Langholzfeld

Oberösterreich | 1961–67

ÖA I – 116

Ernst Hiesmayr zählte zu den plastisch und räumlich denkenden
Architekten mit einer klaren architektonischen Position
und einer starken Individualität.

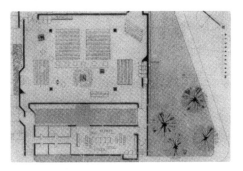

Der hermetisch geschlossene Raum, aus einem angenäherten Quadrat
entwickelt, wird indirekt (über die Wände) beleuchtet.
Die verdeckten, in drei Ecken liegenden Zugänge
verstärken die Wirkung des in sich ruhenden Raumes.

Ottokar Uhl | 1931–2011
Montagekirche Siemensstraße
Wien | 21. Bezirk | 1962–64

ÖA III/3 – 168

In der Nachkriegszeit wurden viele Siedlungen gebaut, in denen die katholische Kirche darauf bedacht war, neue Gemeinden zu bilden. Um die Errichtung teurer Kirchen zu vermeiden, ohne zu wissen, wie sich die Gemeinden entwickeln würden, hat Ottokar Uhl prototypische Modelle entworfen, die auf diese Ungewissheit reagierten.

¶   Diese Kirchen sollten demontabel sein, um sie im Notfall auch anderswo wieder aufstellen zu können. Die »Lebenszeit« wurde auf rund dreißig Jahre berechnet, so dass sie etwa dreimal aufgestellt werden konnten.

¶   Für den Standort Siemensstraße entwickelte Uhl ein Leicht-bau-System aus Stahl, das auch klar das Provisorium zeigte. Der helle, freundliche Raum fand zunächst bei der jungen Gemeinde großen Anklang, jedoch zeigte die ausschließliche Belichtung durch die Decke bald starke klimatische Probleme, weil weder Hitze noch Kälte wirklich beherrschbar waren. Schließlich stellte sich auch bei anderen Kirchen heraus, dass keine ein zweites Mal aufgestellt würde.

Die Bauweise war eine leichte Stangenkonstruktion im Mero-System,
der Raum hatte eine luzide, kontemplative Wirkung.

Da die Kirche bauphysikalisch nur kurze Zeit funktionierte,
wurde sie später neu gedeckt
und im Grunde architektonisch zerstört.

Roland Rainer | 1910–2004
Glaubenskirche Simmering
Wien | 11. Bezirk | 1963

ÖA III/1 – 290

Die evangelische Glaubenskirche entstand in einem gemischten Wohn- und Industriegebiet.

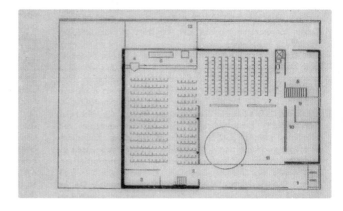

Der gedeckte Zugang führt entlang eines wohnlichen Atriums, das ein zweischenkeliger Kirchenraum umschließt.

Das Mauerwerk ist außen und innen weiß geschlemmt,
die leicht perforierte Innenwand
verbessert die Akustik.

Die Wand hinter dem Altar
erlaubt einen Blick ins Grüne.

Roland Ertl | 1934
Totenhalle Thening
Oberösterreich | 1963–64

ÖA I – 115

Die pavillonartige
Totenhalle erin-
nert an einen
antiken Tempel,
mit gedeckter
Säulenhalle und
Cella, der Ort der
Verabschiedung
ist im Friedhof
ein zentrierender
Punkt.

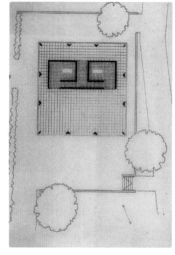

Durch das weit ausgreifende Dach entstand ein gedeckter Platz,
auf dem sich die Trauergäste vor und nach der Verabschiedung
geschützt versammeln können.

Franz Riepl | 1932
Othmar Sackmauer | 1930
Kirche St. Joseph
Wels-Pernau | Oberösterreich | 1964–67

ÖA I – 128–129

**Die Anlage
besteht aus einer Kirche
mit einem Atrium,
einer Werktagskapelle
und Räumen
für den Pfarrer.**

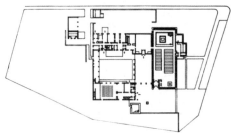

Angelehnt an die Bautradition Skandinaviens und Norddeutschlands
sowie die Tradition der Sichtziegelgotik entwickelten Franz Riepl
und Othmar Sackmauer für Pernau einen strukturell klaren Kirchenbau.

Die subtile Handwerklichkeit hat historische Bezüge.
Die haptischen und natürlichen Materialien und die ausgewogene
Lichtführung verleihen dem Kirchenraum große Wärme.

Josef Lackner | 1931–2000
Kirche Völs
Tirol | 1965–67

ÖA I – 347

Das expressive kronenförmige Dach über dem kubischen Baukörper erlaubt auch die Erinnerung an die alten Grabendächer der Innstädte. Bei Lackner ergab sich aber mit ziemlicher Sicherheit die Gestalt aus den hohen, von oben belichteten Innenwänden. Architekten reagieren auch auf unbewusste Einflüsse, die dann in neuen Zusammenhängen wieder zum Ausdruck kommen.

Für die Kirche Völs entwarf Josef Lackner eine expressive Raumfigur, die im Erdgeschoß statische Maßnahmen erforderte.
Er versteifte die Wände, indem er sie faltete.
Die Verformungen nutze Lackner für Beichtstühle und Nischen als Sitzgelegenheiten.

Da die Belichtung des Raumes nur über die Wände erfolgt, erscheint deren Plastizität besonders effektvoll.

Josef Lackner | 1931–2000
Konzilsgedächtniskirche
Wien | 13. Bezirk | 1965–69

ÖA III/2 – 12–13

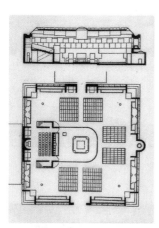

Einige Jahre später entwarf Josef Lackner einen ähnlichen Kirchenraum für Lainz in Wien. Aus schweren, vorgefertigten Sichtbetonquadern schuf der Architekt einen plastisch betonten Raum. Die Quader verfügen über eine beachtliche Tiefe, wodurch sie nicht nur eine feste Struktur bilden, sondern auch Nischen für unterschiedliche Nutzungen schaffen.

Wie bei der Kirche Völs setzte Lackner das Licht raffiniert in Szene. Es gelang ihm, ein Spiel aus Schwere und Leichtigkeit zu schaffen. Die Bestuhlung der Kirche war aus feinstem Blech und vermittelt eine besondere Leichtigkeit.

An der geschlossenen Außenwand wurde die Nische der Taufkapelle zum dominanten Motiv.

Fritz Wotruba | 1907–1975
Kirche am Georgenberg
Wien | 23. Bezirk | 1965–76

ÖA III/3 – 375–376

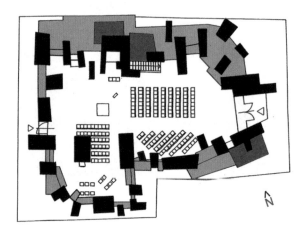

Aus schweren, monumentalen und stelenartigen Elementen
entwickelte Wotruba einen unvergesslichen Raum, der auch
an archaische Kultstätten (etwa Stonehenge) erinnert.

Die damalige Technologie verlangte Stahlrahmen für die Glasflächen,
wodurch leichte Störungen der Beziehungen von der Körperlichkeit
der Wände und den Durchblicken entstanden.

Nach bildhauerischem Empfinden hätte der Raum ungedeckt bleiben müssen, nach baulichen musste er selbstverständlich geschlossen werden. Dadurch entstand eine Irritation zwischen architektonischen und skulpturalen Gesetzen. Im Barock etwa konnten die Bildhauer noch architektonisch und die Architekten bildhauerisch denken.

¶ Als junger Spund (und noch dazu als »Kollege« an der Akademie) habe ich mir erlaubt, dies in einer Kritik in der »Presse« zu schreiben. Nachher traf ich zufällig Wotruba in einem Autobus, und ich dachte, jetzt krieg ich eine Watschn, aber er sagte nur: »Achleitner, wir müssen doch zusammenhalten. Das geht doch net.«

Günther Domenig | 1934–2012
Eilfried Huth | 1930
Kirche Oberwarth
Burgenland | 1966–69

ÖA II – 478–479

*Das städtebauliche Konzept und die expressive Architektur
lösten große Aufregung unter der konfessionell gemischten Oberwarter
Bevölkerung aus, vor allem weil auch der Pfarrer verschiedene »Events«
und Jazzkonzerte organisierte, wodurch er natürlich vor allem die
Jugend ansprechen wollte.*

**Die Kirche von Oberwart zeigt einen unverwechselbaren Einfluss
des »New Brutalism« und gleichzeitig ein Aufbegehren gegen die strenge,
rationalistische Wiener Moderne. Domenig und Huth funktionierten
die alte Kirche in eine Totenkapelle um und erweiterten die
Seelsorgeanlage um eine neue Kirche und ein Haus für die Jugend.**

Die Einweihung der Kirche
wurde als großes Volksfest gefeiert,
wobei die Kirche auch als begehbare
»Skulptur« in Erscheinung trat.

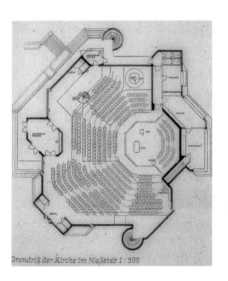

Grundriß der Kirche im Maßstab 1 : 500

Der Raum erhält seine dynamische Wirkung aus dem Gegensatz von schwerer und zugleich schwebender Decke. Das filigrane Alu-Design im Altarbereich und die Plastikbestuhlung (leicht verstell- und ausräumbar) bilden wiederum einen Kontrast zum schweren Sichtbeton des Raumes.

Es gab viele Gegner des neuen Kirchenbaus. Eine Ausnahme bildete der Konditor, der gegenüber der Kirche sein Geschäft betrieb. Er machte mit den Bauarbeitern, die zu Mittag bei ihm einkehrten, einen guten Umsatz. Vermutlich war er deshalb auch von der Kirche so begeistert, dass er mit einer liebevoll gestalteten Torte in seiner Auslage Werbung für sie machte. Ich musste das geschichtliche Dokument unbedingt fotografieren.

Ottokar Uhl | 1931–2011
Montagekirche Kundratstraße
Wien | 10. Bezirk | 1967

ÖA III/1 – 256–257

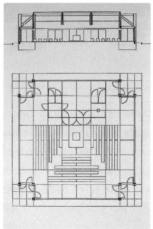

Ottokar Uhl beschäftigte sich
beim Entwurf dieser Montagekirche
mit verschiedenen Möglichkeiten,
den Kirchenraum
als erweiterbar zu konzipieren.

So ließen sich je nach Bedarf
die dunklen Wände der Holzkirche
abmontieren und
der Kirchenraum konnte
auf allen vier Seiten
vergrößert werden.

Mit Winkelecken
steifte Uhl die Holzkonstruktion
der Halle so aus,
dass er sie stützenfrei
und von allen Seiten gut belichtet
errichten konnte.

Der Raum hinter dem Altar,
in dem der Pfarrer Messgewänder
und liturgische Geräte aufbewahrt,
ist ebenso das Ergebnis
dieses konstruktiven Raumsystems.

Wilhelm Holzbauer | 1930
Seelsorgeanlage St. Vitalis
Salzburg | 1967–72

ÖA I – 254–255

Wie eine musikalische (rhythmische) Sequenz erstrecken sich Kirche, Pfarrsaal und Pfarrhof zwischen Höfen und Freiräumen auf der Parzelle.

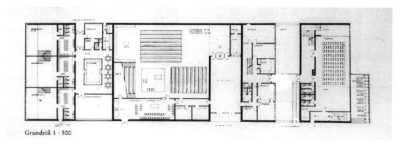

Grundriß 1 : 500

Die Seelsorgeanlage St. Vitalis wurde auf einem schmalen, handtuchförmigen Grundstück errichtet und war ein weiteres Zeichen der Ankündigung eines architektonischen Aufbruchs in Salzburg.

Die vielfältige Verwendung von Holz verleiht den Räumen
eine warme, aber keine rustikale Atmosphäre.

Ferdinand Schuster | 1920–1972

Kirche Eisteichsiedlung

Graz | Steiermark | 1969–71

ÖA II – 350–351

Ferdinand Schuster, der sich intensiv mit der neuen Liturgie und der allgemeinen Öffnung der Kirche befasste, plante für die Grazer Eisteichsiedlung einen Stahlbau, der bewusst eine Halle für viele Zwecke anbot.

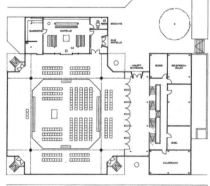

Der zentrierte Raum ist schon von der Vorhalle aus ganz überschaubar.

Der quadratische Kirchenraum verfügt vierseitig über etwas erhöhte Seitenbereiche, die etwa bei Bällen oder anderen Veranstaltungen gut nutzbar sind. Sogar der mobile Altar kann mit der Bestuhlung problemlos weggeräumt und die zentrale Fläche für andere Nutzungen freigegeben werden.

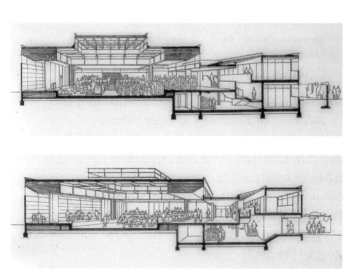

Bereits in der Vorzone besteht eine Sichtbeziehung
zum Kirchenraum.

*Damals wurde von reformerischen Gruppen eine Öffnung der Kirche
zur Gesellschaft gefordert. Es war Ferdinand Schuster ein großes
Anliegen, auch nicht an die Kirche gebundene Menschen durch die
Architektur anzusprechen. So fanden in der »Mehrzweckhalle«
tatsächlich auch Bälle statt, wobei man auf den erhöhten Sitzflächen
sein Bier trinken konnte.*

*Schuster war ein sehr intelligenter, auch theorieinteressierter
Architekt und geschätzter Lehrer an der TU Graz. Leider hatte er
schwere Depressionen. Mit fünfzig Jahren kündigte er seinen Freitod
an und ging ins Gebirge.*

Karl Schwanzer | 1918–1975
Kirche Saikogasse
Wien | 22. Bezirk | 1969–72

ÖA III/3 – 269

In den 60er und 70er Jahren beschäftigten sich vor allem italienische Architekten wie Paolo Portoghesi mit barocker Kirchenarchitektur, um deren Raumkonzepte neu zu interpretieren. In Österreich nahm Karl Schwanzer offenbar Anregungen dieser Tendenzen auf.

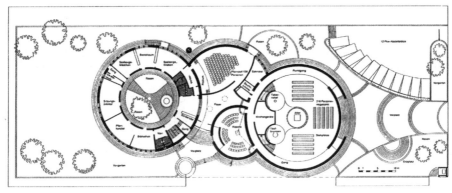

In der Saikogasse entwarf er für Kirche, Werktagskapelle, Vorraum und »grünen Hof« ein Konzept aus Kreisen und Kreissegmenten, das durch Geborgenheit und gute Raumbeziehungen besticht.

215

Das Sichtziegelmauerwerk zeichnet sich durch seine handwerkliche Qualität aus, wodurch auch strukturelle Unterschiede innerhalb des Mauerverbandes sichtbar wurden.

Der Kirchenraum wirkt in sich geschlossen und durch Oberlicht auf den Altar konzentriert.

An einem Sonntag konnte ich beobachten, wie die Kirche funktioniert. Nach der Messe gingen die Leute in das runde Atrium, um sich gesellig zu versammeln. Es war sicher nicht falsch, wenn man an eine Art von Heurigenstimmung erinnert wurde.

Die 1970er Jahre

Die Architekturbeispiele der 70er Jahre könnte man als die
Ernte der Entwicklungen der 50er und 60er Jahre bezeichnen.
Die reflektierte Architektur mit einem umfassenden künst-
lerischen, städtebaulichen, konstruktiven, bauphysikalischen,
sozialen, ökologischen et cetera Anspruch hat auf fast alle
Bereiche des Bauens übergegriffen. So gibt es nicht nur »Vor-
zeigebeispiele« im sozialen Wohnbau, sondern auch in der
Konzeption von Großwohnanlagen, Beispiele der Mitbeteiligung von Bewohnern, Tourismus- und Medienbauten, Banken,
Industrie-, Kirchen- oder Privatbauten und vor allem eine
»Explosion« im Schulbau. Die Architektur bekommt eine
breitere Öffentlichkeit, ja, sie wird sogar als prestigefördern-
des Werbemittel von Firmen entdeckt.

Die 70er Jahre sind zeitlich noch zu nahe, um nur
einigermaßen in Zusammenhängen aufgearbeitet zu sein.
Auch diese Vorlesungen können nur einen lückenhaften,
punktuellen Hinweis auf das Baugeschehen dieses Jahrzehnts
geben, in dem sich in der Architekturszene noch eine Vielfalt
von individuellen Positionen manifestierte. »Einzelkämpfer«
gab es nicht nur in Wien, sondern vor allem auch in allen
Bundesländern. Gleichzeitig verstärkte sich die Gruppenbildung
(vom Typ der arbeitsgruppe 4, der Werkgruppen Graz und
Linz oder den Kooperativen in Vorarlberg). Ein ökologisches
Umdenken bewirkte 1972|73 der sogenannte Ölschock, mit
großen Auswirkungen auf die Bauphysik. Eine radikale Erweiterung des Architekturbegriffs in politische, gesellschaftliche
Bereiche brachten die »68er-Bewegung« und die funktionalis-
muskritische Postmoderne, die von den Vereinigten Staaten
Amerikas über England und mehr noch über Italien, Deutschland
und die Schweiz (etwa die »Tendenza«) um die Mitte des Jahrzehnts auch Österreich erreichte. Leider ist dieser vielschichtige
architekturtheoretische Impuls (mit vielen Hoffnungen) bald
auf dem Jahrmarkt ästhetischer Eitelkeiten in einen stilistischen
Engpass geraten und gnadenlos untergegangen.

Die Beschäftigung mit neuen Konzepten im Wohnbau führte unter anderem zur Errichtung von Großwohnanlagen. Sie brachten neue Organisationsformen der Infrastruktur (tägliche Versorgung, Einkauf, Schulen|Kindergärten, Freizeit, Gesellschaft). Die Wohnungen selbst, in der Mehrzahl familiengerechte Typen zwischen 70 und 90 qm, blieben eher (mit wenigen Ausnahmen) gegen Erneuerungen resistent. Allerdings wurden bei kleineren Anlagen (vor allem auf genossenschaftlicher Basis) die ersten Versuche mit Partizipation der künftigen Bewohner gemacht, die frischen Wind in den Begriff vom Wohnen, von Flexibilität und Variabilität brachten. Neben den gemeinschaftsbildenden Planungsprozessen konnten auch die Architektinnen und Architekten Erfahrungen über gesellschaftliche Probleme des Wohnens außerhalb der Wohnungen machen. Wahrscheinlich ließ der enorme Planungsaufwand die Lust am gemeinsamen Erfinden zwischenzeitlich wieder erlahmen, erst jüngst sind erneut Tendenzen in dieser Richtung erkennbar.

Dem Thema der Verdichtung im Wohnbau oder besser, der Urbanisierung und Pflege von »Öffentlichkeit« näherte man sich (bis auf wenige Ausnahmen) nicht über Gartenstadtkonzepte des verdichteten Flachbaus, sondern über Großanlagen mit hohen Wohnblöcken. Impulsgebend dafür war die große Wohnbauausstellung »Städtisches Wohnen«, die Viktor Hufnagl mit Traude und Wolfgang Windbrechtinger (1966) für die ÖGFA konzipiert hatten. Dabei griffen sie auch auf historische Beispiele zurück und wiesen auf die Superblocks der Gemeinde Wien der 20er Jahre hin.

Auch im Schulbau kam es zu Versuchen mit größeren Einheiten, so in Oberösterreich, der Steiermark und in Tirol, vor allem im Zusammenhang mit Schulzentren, die etwa im Hinblick auf Sporteinrichtungen von multifunktionalen Verdichtungen und Vernetzungen profitierten. In den anderen Bereichen des Bauens entstanden, über alle Bundesländer verteilt, ermutigende Beispiele eines neuen Architekturverständnisses, es gab vermehrte Kritik an der Zersiedelung der Landschaft, um ein Umdenken in Bauten für den Tourismus und für die Landwirtschaft einzuleiten.

Werkgruppe Graz

Eugen Gross | 1933

Hermann Pichler | 1933

Friedrich Groß-Rannsbach | 1931

Werner Hollomey | 1929

Walter Laggner | 1923–1997

Peter Trummer | 1928–1998

Terrassenhaussiedlung St. Peter
Graz | Steiermark | 1965–78

ÖA II – 393–394

Die großen Wohnanlagen der 70er Jahre waren (nach dem Ölschock) eine ökologische Reaktion auf den hemmungslosen Verbrauch von Ressourcen, gegen die allgemeine Zersiedelung der Landschaft und getragen von der Erkenntnis, dass kompakte Anlagen auch leichter mit effektiven Infrastrukturen versorgt werden konnten. Zudem wurden Ideen von Le Corbusier, etwa auf halber Höhe »interne Straßen« anzulegen, verwirklicht.

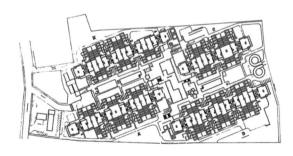

222

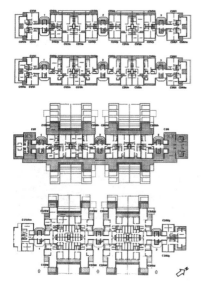

Die Wohnungstypen entsprachen familiengerechten Vorbildern. Neu waren allerdings die konsequent durchgebundenen, von zwei Seiten gut belichteten und belüfteten Wohnungen.

Eine Überraschung war wohl, dass die unteren Wohnungen, mit den größeren Terrassen, erst zuletzt verkauft wurden. Das Hochhaus verändert die Lebensgewohnheiten, man will eben, allein schon wegen der Aussicht, in den oberen Geschossen wohnen. Hingegen wurden die von den Soziologen forcierten Kontaktzonen, halböffentliche Bereiche, sehr unterschiedlich (bis gar nicht) angenommen.

Neben den privaten Freiräumen schufen die Architekten auch großzügige Plätze, die bis heute gut funktionieren.

Zwischen den vier in sich gestaffelten Blöcken liegt ein durchgehender, in der Mitte versetzter, erhöhter Platz, der als grüner Freiraum gestaltet ist und unter dem sich die Großgarage befindet.

Die Gebäudestruktur aus Ortbeton und die vorfertigten Füllelemente erlaubten eine größere gestalterische Freiheit. Die im Freien liegenden Treppenhäuser sind starke Gliederungselemente, allerdings auch problematisch in der kalten Jahreszeit.

Die Fußgängerebene (interne Straße)
führt durch die ganze Wohnanlage.

Die Werkgruppe Graz machte
auch erste Versuche der
Einbeziehung der künftigen
Bewohner in den Entwurfs-
prozess.

Harry Glück | 1925
Wohnpark Alt-Erlaa
Wien | 23. Bezirk | 1970–85

ÖA III/3 – 392–393

*Offenbar gehört das Terrassenhaus zu den
alten urbanen Träumen der Menschheit.
Harry Glück verwies bei seinen Terrassen-
hauskonzepten auf die »Hängenden Gärten
der Semiramis«, die allerdings nie gebaut
wurden. Auch für Adolf Loos blieb das
Terrassenhaus Utopie.*

**Hängende Gärten der Semiramis,
Stich aus Athanasius Kirchers »Turris Babel«, 1679**

**Beim »Wohnpark Alt Erlaa«
setzte Harry Glück das Terrassenhauskonzept
rigoros um.**

Zur Erbauungszeit kritisierten junge Architekten (und auch ich) diese Monsteragglomeration hart. Zusätzlich wurde das Gerücht gestreut, dass die GESIBA (Gemeinnützige Siedlungs- und Bauaktiengesellschaft) das Grundstück viel zu teuer gekauft hätte und es deshalb schamlos ausnutzen musste. Die Meinungen haben sich inzwischen geändert und relativiert. Glück wurde auch deshalb lange angefeindet, weil er jahrzehntelang den kommunalen Wohnbau dominierte. Er bekam die meisten Aufträge und daher hatten vor allem jüngere Architekten und Architektinnen wenig Chancen.

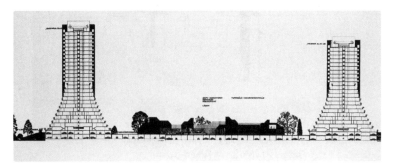

Die sehr hohe Bebauungsdichte ermöglichte zusätzliche infrastrukturelle Einrichtungen (Sporthalle, Bäder auf dem Dach, Gesellschafts- und Vereinsräume, Schule, Restaurants, Kaffeehäuser, eine kleine Kirche, U-Bahnanschluss), was die Wohnzufriedenheit der Bewohner enorm steigerte.

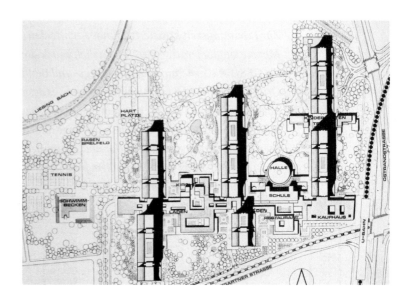

Durch die dichte Bebauung und die parkähnlich angelegten Freiräume
konnte das übliche »Abstandsgrün« der Gemeindebauten vermieden werden.
Die Verbindung zwischen den Wohnblöcken
wurde zusätzlich durch Bauten allgemeiner Nutzung aufgefüllt.

Man kann auch behaupten,
dass die Anlage Alt Erlaa
im Wiener Großraum bis heute
als Landmark und Element
der Orientierung funktioniert.

Die kleinen Balkone
(über den unteren Terrassen)
und die Bäder auf dem Dach
sind natürlich den Winden ausgesetzt.
Dennoch behaupten Bewohner,
dass die Schwimmbecken
von März bis Oktober täglich
benutzt werden.

Die Eingänge wirken monumental
und werden von den Lüftungsrohren
der Tiefgarage flankiert.

Die Eingangsbereiche (die an Hotellobbys erinnern) wurden
durchgehend von bedeutenden Künstlern
wie Alfred Hrdlicka oder Rudolf Schönwald gestaltet.

Gegenstand der Kritik waren auch die in der Mitte liegenden engen, dunklen Erschließungsgänge und die in einem Hochhaus relativ langen Aufenthalte in den Aufzügen. Kriminelle Handlungen wurden aber nicht bekannt. Die Bewohner entschlossen sich bald, gegen das Manko der Anonymität etwas zu unternehmen und organisierten Etagenfeste, wobei alle Türen der Wohnungen geöffnet wurden, damit man in jede Wohnung schauen und deren Bewohner kennenlernen konnte. Diese Feste führten sogar zu gemeinsamen Urlauben, auch eine Art eigene Hauszeitung beziehungsweise ein Bewohnerfernsehen wurden gegründet.

Die Mittelflurerschließung über schmale Gänge
(ohne Tageslicht) ergab sich aus dem Terrassenkonzept
und den extrem rationalen Grundrissen.

Bis heute sind die Bewohner zufrieden. Die Versorgungseinrichtungen und die Ausstattung der Gemeinschaftsräume sind gut. Von den Bewohnern wurden Vereine gegründet und die begehrten Bäder können im Bademantel aufgesucht werden. Auch die Wartung der Haustechnik funktioniert reibungslos. Dieses hotelartige Service ist eben nur mit einer gewissen Bewohnerdichte erreichbar. Diese Vorteile wurden zuerst nicht erkannt. Die anfängliche Kritik war primär eine ästhetische. Wohnen ist eben ein komplexer Lernprozess.

Ottokar Uhl | 1931–2011
Wohnhausanlage Hollabrunn
Niederösterreich | 1971–77

Mit diesem Konzept konnte relativ frei agiert werden. Aber der partizipative Planungsprozess erforderte ein ungeheures Engagement und einen großen Idealismus. Hunderte von Sitzungen waren nötig, um das Projekt zu realisieren. Doch schlussendlich waren die Bewohner höchst zufrieden, weil sie das Gefühl hatten, ihre Wohnungen selbst entworfen zu haben. Als einige von ihnen die Möglichkeit zum Anbau nutzten, entstanden jedoch auch nachbarschaftliche Konflikte.

Um die Möglichkeit für eine breite Mitbestimmung der Bewohner zu schaffen, gab Uhl bei dieser Wohnanlage nur das konstruktive Gerüst, im Wesentlichen für zwei durch Mittelflure erschlossene Wohnblöcke, vor. Die Gestaltung der Grundrisse überließ er dem Planungsprozess mit den künftigen Bewohnern.

Je nach Anzahl der Geschosse und Achsen konnten die Bewohner zudem den Raumumfang ihrer individuell geplanten Wohnungen frei wählen.

Die vorgebauten Skelette garantieren Anbaumöglichkeiten, die später auch genutzt wurden.

Die Konstruktion erlaubte anhängbare Balkone
in unterschiedlicher Länge,
ebenso verschiedene Weisen des Anbaus.

Viktor Hufnagl | 1922–2007

Wohnhausanlage Gerasdorferstraße

Wien | 21. Bezirk | 1973–84

ÖA III/3 – 208–209

Die Wohnanlage hat eine breite,
angerartige, durchlaufende
und leicht gekrümmte Mittelachse.

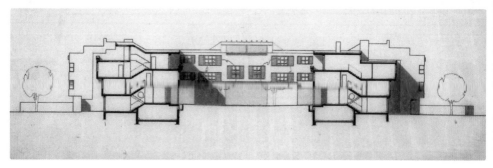

Daran liegen Reihenhäuser mit Split-Level-Wohnungen.
Die beidseitigen Ränder
sind mit freistehenden Einfamilienhäusern bebaut.

Die Privatgärten verleihen der Anlage
einen typischen Vorstadtcharakter,
der dem Standort in Wien-Floridsdorf entspricht.

Der »Anger« ist ein gemischter Grünraum mit Zufahrtsmöglichkeit,
die Privatgärten liegen an den Außenseiten.
Der »Anger« wiederum hat eher den Charakter eines Wohnhofes.
Die Parkplätze befinden sich außerhalb der Anlage.

Wilhelm Holzbauer | 1930
Wohnhausanlage »Wohnen morgen«
Wien | 15. Bezirk | 1974–79

ÖA III/2 – 141–143

Diese Wohnanlage zeigt in einigen Aspekten eine Alternative zu den Harry-Glück-Bauten. Die Wohnungen (zur Hälfte Maisonetten und Split-Level-Typen) werden über Laubengänge erschlossen. Die mittlere Erschließungsachse ist als Wohn- und Einkaufsstraße ausgebildet, die außen liegenden Räume zwischen den Blöcken haben Gartencharakter.

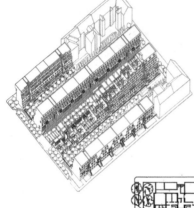

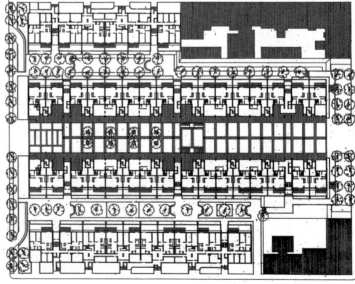

Die Zu- und Laubengänge
haben einen offenen Kontakt
zum urbanen Raum.

Alle Wohnungen haben Terrassen,
die Split-Level-Wohnungen sind abgetreppt.

Damit verfügen alle Wohnungen über
einen ungedeckten Außenraum als Terrasse.

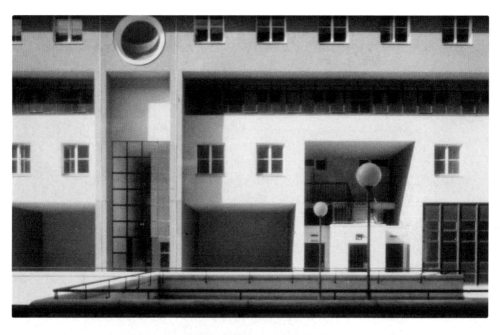

Die Eingangszone ist offen und einladend
und teilweise (analog zur Stadt) mit Geschäften besetzt.

Zusätzlich ergänzen Geschäfte und ein Markt
über der Garage die Anlage. Damit ist für die Wohnanlage
eine Nahversorgung gegeben.

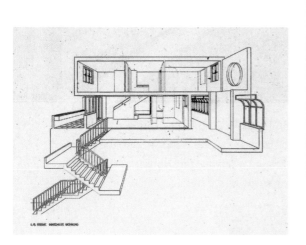

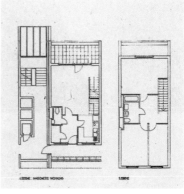

Die Split-Level-Wohnungen sind auf halber Ebene erschlossen,
die darüber liegenden Maisonetten haben auf der Gangseite die Küchen
und darüber liegend je ein Schlafzimmer.

Die Laubengänge sind keine »Angsträume«, sondern haben innerstädtische Qualität. Damit antwortet Holzbauer auf Harry Glücks
Alt-Erlaa. Für eine totale Versorgung und Hausbetreuung sind
diese Anlagen jedoch zu klein.

Johann Georg Gsteu | 1927–2013
Josef-Bohmann-Hof
Wien | 22. Bezirk | 1975–77

ÖA III/3 – 295–296

In den 70er Jahren beginnt verstärkt (im Zusammenhang mit der sogenannten Postmoderne, unter anderem ausgelöst durch Aldo Rossi, die Schweizer Tendenza, Rob und Leon Krier) eine neue Stadtdiskussion. So bekamen auch neue Wohnquartiere am Stadtrand wieder zentrale Plätze.

In dem von mehreren Architekten geplanten Josef-Bohmann-Hof baute Gsteu eine sowohl konstruktiv als auch stadträumlich bemerkenswerte Anlage. Hier das klassische Wiener Hauseck mit Kaffeehaus.

STANDORT ●

WOHNHAUSANLAGE
JOSEF BOHMANN-HOF

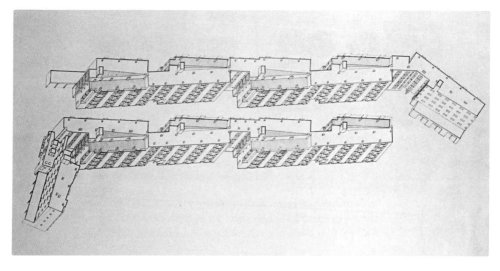

Durch zusammenhängend versetzte Blöcke
entstand eine Mischung
von Laubengang- und Mittelflurerschließung
mit günstigen Lichtverhältnissen.

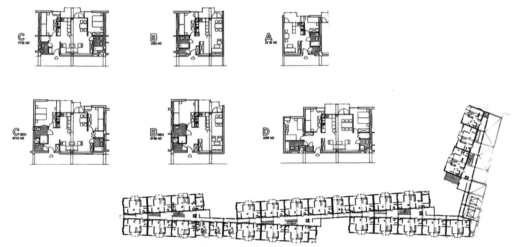

Die Konstruktion mittels quer durchgesteckter Hauptträger
erlaubte einen besonderen Wohnungstyp.
Der zentrale Raum jeder Wohnung blieb stützenfrei,
so konnten die Räume um die Loggien herum
beliebig organisiert werden.

Dieses Konzept, auf das Gsteu sehr stolz war,
wurde ausschließlich in diesem Bau realisiert.

Obwohl das Angebot
als Kontaktzonen von
den Benutzern nicht
angenommen wurde
(etwa: angedockte
Räume für Jugendliche)
bietet die großzügige
Erschließungszone
bis heute einen räum-
lichen Mehrwert.

Die Wohnbaudiskussion wurde in Wien schon 1968 von der ÖGFA –
Österreichische Gesellschaft für Architektur mit einer von Hufnagl und
dem Ehepaar Windbrechtinger organisierten Wohnbauausstellung
eröffnet. Im Sinne der alten Gemeindebauten wurde wieder eine urbane
Mischung von Versorgungseinrichtungen (Geschäfte, Wirtshäuser
et cetera) eingefordert.

⁋ Die Nutzung der Gemeinschaftsräume für die Jugend scheiterte
an der Pflege. Sie wurden zunehmend von den Hausmeistern unter
Verschluss gehalten. Der Gemeinschaftsgedanke ging so weit, dass der
Architekt an die Aufstellung von Kühlschränken in den Fluren dachte
(aus Energie- und Kostengründen), alle diese Maßnahmen fanden
bei den Bewohnern jedoch wenig Anklang.

Werkgruppe Linz

Helmut Frohnwieser | 1935

Heinz Pammer | 1941

Edgar Telesko | 1933

Helmut Werthgartner | 1934

Wohnhausanlage »Flexibles Wohnen«

Linz | Oberösterreich | 1968 | 1976–78

ÖA I – 172–173

Die Werkgruppe Linz lieferte einen viel zu wenig beachteten Beitrag zum »Flexiblen Wohnen«. Sie entwarf eine durchkonstruierte Baustruktur, die viele Kombinationen von Wohnungen und Wohnungsgrößen zuließ. Der Planungsprozess gestaltete sich dadurch enorm aufwändig. Das Projekt wurde schließlich dann in einer vereinfachten Form umgesetzt.

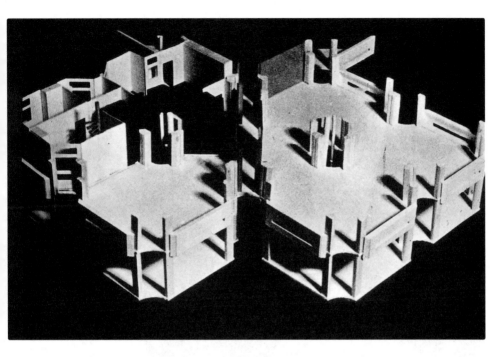

Die Struktur bestand aus quadratischen »Tischelementen«,
deren Ecken oktogonal gekappt waren, so dass diagonale Verbindungen
(Zugänge, Treppenhäuser et cetera) möglich wurden.

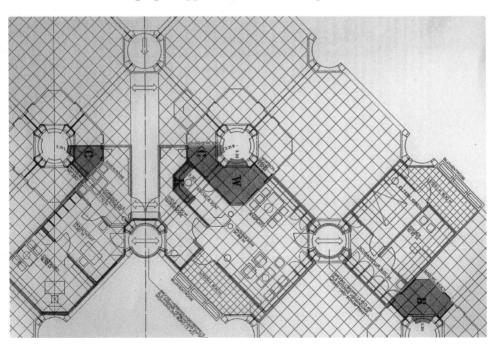

Dadurch konnten mittels einfacher Addition
mehrere Einheiten zu einer Wohnfläche zusammengefasst werden,
was eine große Variabilität erlaubte.

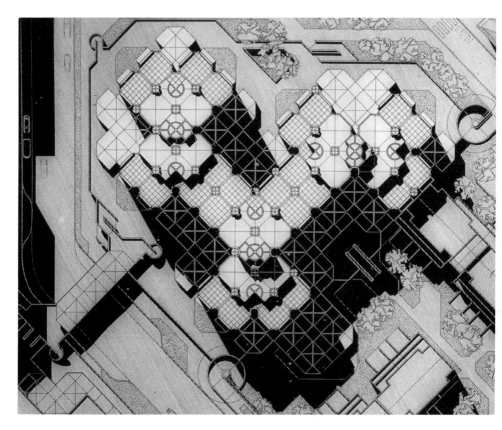

Bei zweigeschossigen Wohnungen nutzten die Architekten
die Gelenke für Wendeltreppen. Darüber hinaus gibt es
auch getrennte Wohnräume mit normalen Treppenhäusern.

*Es ist merkwürdig, dass diese neuen Ideen der großen Variabilität
nicht weiter verfolgt wurden. Zwar lösten sie in den Genossenschaften
und Stadtverwaltungen eine gewisse Neugier aus, wurden aber
nicht systematisch in die Praxis umgesetzt.*

In Linz-Auhof konnte die Werkgruppe
eine modifizierte Form des Systems umsetzen.

Die Treppen zwischen den Geschossen
hängen wie »Rucksäcke« an den Außenwänden.

Die Sitzflächen auf den Terrassen
wurden mit leicht konstruierten Pergolen versehen.

Die Wohnungen wurden selbstverständlich von den Bewohnern
ohne Einmischung der Architekten eingerichtet.

An den bescheidenen gemeinschaftlichen Räumen
durften auch die Kinder mitplanen.

Rudolf Wäger | 1941

Reihenhaussiedlung Ruhwiesen

Schlins | Vorarlberg | 1971–73

ÖA I – 454

Vergleichbar mit der Siedlung von Hans Purin in Bludenz
geben die betonierten Scheiben (wie Brandmauern) die Struktur vor,
der breite Abstand der Deckenträger bestimmt die Lage
der variablen Position der Wände.

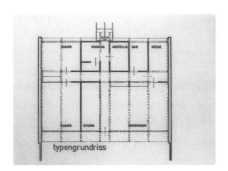

typengrundriss

**Diese kostengünstige Bauweise
ermöglichte also einen sehr feinen Umgang
mit den räumlichen Anforderungen.**

Eilfried Huth | 1930
Eschensiedlung
Deutschlandsberg
Steiermark | 1973–75

ÖA II – 163–165

Unter den Bewohnern gibt es große Wohnzufriedenheit. Es mag zynisch klingen, aber man konnte auch nichts wirklich verschandeln. Jede Art von Individualität klinkte sich in das Konzept einer absoluten gestalterischen Freiheit ein.

Die betont individuelle Reihenhaussiedlung ist ein Beispiel einer sehr ernstgenommenen gestalterischen Mitbeteiligung der Bewohner.

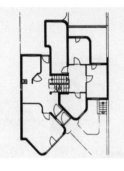 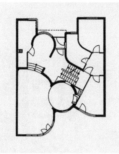 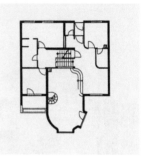

Die Grundrisse zeigen eine große Freiheit, es gibt keine »Prototypen«, trotzdem bleibt die »Pranke« des Architekten überall sichtbar.

Eilfried Huth | 1930

Reihenhaussiedlung Gerlitz

Graz | Steiermark | 1975–81

ÖA II – 400–401

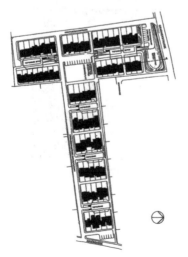

Auch in dieser Reihenhaussiedlung in Graz bezog Huth die Bewohner
voll in den Planungsprozess mit ein.

Sogar bei den Fassaden
hatten die künftigen Bewohner
volles Mitspracherecht.

Fritz Matzinger | 1941
Wohnhausanlage »Les Paletuviers«
Leonding | Oberösterreich | 1974–75

ÖA I – 68

Vom Hörensagen: Matzinger erhielt für diese Anlage zuerst große Anerkennung. Allerdings entwickelten sich die Dinge nicht so konfliktfrei wie gedacht. Zunächst trafen sich die jungen Bewohner gerne im Gemeinschaftsraum. Aber mit der Zeit wurde es manchem (mancher) lästig, beim Heimkehren von der Arbeit von ein paar fröhlichen Menschen aufgefordert zu werden, sich zu einem »Doppler« an den gemeinsamen Tisch zu setzen. Das unfreiwillige Gemütlichsein konnte anstrengend werden. Zunehmend benutzten dann die Bewohner nicht mehr den Haupteingang, sondern gingen über den Garten in die Wohnung.

Diese auf Eigeninitiative des Architekten entstandene kleine Wohnanlage mit 16 Wohnungen war ein mutiges Experiment.

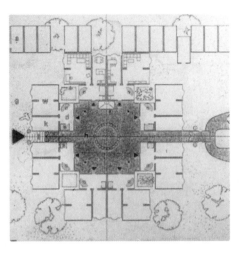

Zweimal acht Wohnungen
je um ein quadratisches, gedecktes Atrium
(gemeinsame Halle), verbunden
mit einem freistehenden Hallenbad,
waren das Angebot für eine
besondere Wohngemeinschaft.

Die erfinderisch-optimistische Architektur
war eigentlich das Symbol einer technischen Entwicklung.

Das gemeinsame Schwimmbad war mit einer Plane gedeckt,
die man im Winter schließen konnte.

Auch die »fröhliche Kunst« und die Sitzmulde in der Halle
waren Zeichen eines neuen Lebensstils.

Cooperative

Dietmar Eberle | 1952

Wolfgang Juen | 1952

Markus Koch | 1952

Norbert Mittersteiner | 1949

Hausgruppe Höchst

Vorarlberg | 1979–80

Die Vorarlberger Cooperative entstand durch den Zusammenschluss von ökologisch orientierten und mit den baulichen Zuständen unzufriedenen jungen Architekten.

⁋   Die Entstehung der Cooperativen war nicht nur ein Zeitgeistphänomen, sondern hatte in Vorarlberg auch einen handfesten kulturellen Hintergrund. Aus Protest gegen die anfänglich konservativen Bregenzer Festspiele wurden schon in den 1960er Jahren von jungen Künstlern, Architekten, Schriftstellern, Lehrern, Grafikern et cetera die »Wäldertage« und die »Bregenzer Randspiele« gegründet, die auch das ganze Architekturbewusstsein stark veränderten.

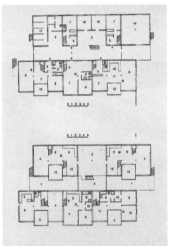

Neben dem ökonomischen Holzbau
ist das große Thema auch
die Verdichtung.

Im Obergeschoß bestehen
Verbindungen zwischen den Wohnungen
über Terrassen.

Holz galt in den 70er Jahren als wiederentdeckter Baustoff.
Vor allem die filigranen Strukturen begeisterten
die jungen Architekten.

Die Bewohner der Hausgruppe Höchst erreichen ihre Wohnungen
über eine gemeinsame Halle im Erdgeschoß.

Josef Lackner | 1931–2000
Haus in Hatting | Ateliertrakt
Tirol | 1976–77

ÖA I – 308–309

Josef Lackner baute dieses Haus mit einem kegelförmigen Schindeldach
für einen Kunstsammler. Es nimmt nach allen Seiten den Kontakt zum
Inntal, also einer besonders einprägsamen Landschaft auf.

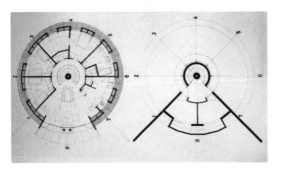

Der kreisförmige Grundriss entwickelt sich um das Stiegenhaus,
welches das tragende Element des Hauses abgibt.
Einerseits sind die Räume an das Zentrum angebunden,
andererseits haben sie eine zentrifugale Wirkung.

Während das Haus auf der Talseite abgehoben wirkt,
berührt es auf der Bergseite den Boden
und bleibt immer mit dem Garten verbunden.

Im Hausinneren herrscht eine besondere Atmosphäre und Großzügigkeit, welche durch das raumbestimmende Dach noch verstärkt wird.

Zuerst wurde das Haus als Fremdkörper in der Landschaft wahrge-nommen, mittlerweile ist das graue »Schwammerl« eingewachsen und es werden die weißen Körper der »Tiroler Häuser« rundherum fast als befremdend empfunden. Natürlich bleibt die Form des Hauses eine Ausnahme, ja ein Kontrast. Aber man darf nicht vergessen, dass auch Abweichendes integrationsfähig ist, wenn es eine eigene Qualität besitzt. Wie könnten sonst unsere alten Städte als so »stimmig« wahrgenommen werden?

Friedrich Kurrent | 1931
Einfamilienhaus Baldramsdorf
Kärnten | 1969 | 1973–76

ÖA II – 26

Kurrent bewies mit einfachsten Mitteln, gediegene Einfamilienhäuser bauen zu können, die die Landschaft und die regionale Baukultur respektieren. Dabei handelt es sich nicht um eine formale (kitschige) Nachahmung, sondern um die Adaption einer alten Bauweise für heutige Wohnbedürfnisse.

Friedrich Kurrent plante dieses »rurale« Einfamilienhaus für seinen Cousin.

Gottfried Bechtold | 1947

Haus mit Atelier

Hörbranz | Vorarlberg | 1973–76

ÖA I – 445

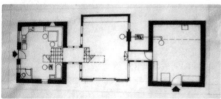

Hier wurde,
ausgehend von einer alten Waschküche (links),
durch eine »répétition differente«
(eine abweichende, variierte Wiederholung)
und einer inneren,
die Häuser verbindenden Achse,
ein primitiv erscheinendes,
aber großzügiges Wohnhaus geschaffen.
Die bestehende Waschküche
baute Bechtold zu einer Wohnküche um,
an die er ein großes Wohnzimmer (Mitte)
und schließlich das Atelier andockte.
Die axiale »Raumkette«, ähnlich
gründer-zeitlicher Bürgerwohnungen,
schuf eine überaus großzügige
Raumsituation.

Gottfried Bechtold ist ein Künstler »von hohen Graden«. Die Waschküche erbte er von seiner Großmutter. Als seine Familie wuchs, entwarf er diese »Hauskette«. Für den Bau verwendete er Teile von Abbruchvillen, vor allem alte Fenster. Damit schuf er eine Art Recycling-Architektur. Bechtold zeigte, wie durch Collagetechniken brauchbare, wohnfreundliche Objekte entstehen können.

Der Ausbau der Räume mit billigen Blechtreppen und recycelten Fenstern verleiht dem Haus eine lockere, besonders kinderfreundliche Atmosphäre.

Karla Kowalski | 1941
Michael Szyszkowitz | 1944
Haus Wressnig
Graz | Steiermark | 1974–75

ÖA II – 409

Die Grazer Architekten Kowalski und Szyszkowitz entwickelten für dieses anspruchsvolle Haus eine expressive, in Umraum und Natur ausgreifende Architektur.

Obwohl in den Dimensionen eher klein, verfügt das Haus über eine große räumliche Vielfalt.

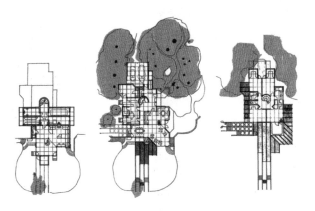

Das »Zusammenwachsen«
des Hauses mit der
umgebenden Vegetation
ist ein Teil des Wohnprozesses.

Man könnte auch sagen, der vielfältige Bezug zum Außenraum war ein essenzieller Teil des Entwurfs.

Hans Purin | 1933–2010
Einfamilienhaus in Feldkirch
Vorarlberg | 1975–76

ÖA I – 438

Hans Purin schuf hier ein Fachwerk-Haus mit einem einfachen, klaren Raumkonzept, das eine große innere Flexibilität erlaubte.

Sowohl die Räume als auch die Einrichtungen können leicht verändert werden. Zwischen Haus und Garage ist ein gedeckter Vorbereich, dann folgen Halle, Wohnraum, gedeckte Terrasse mit Durchblick vom Eingang bis in den Garten.

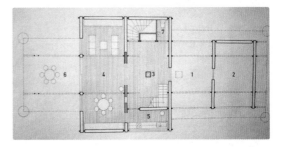

Luigi Blau | 1945
Haus Hansi-Niese-Gasse
Wien | 19. Bezirk | 1975−77

ÖA Wien III/3 − 76

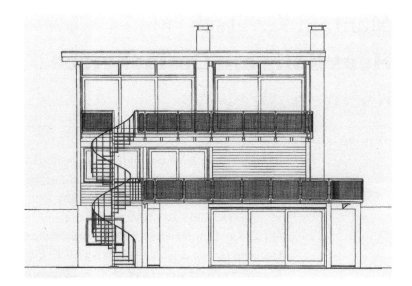

Das über einem bestehenden Kellergeschoss errichtete Haus
hat die Leichtigkeit und auch den ästhetischen Charme der Wiener Moderne,
wobei sich hier Luigi Blau als echter Schüler
von Ernst A. Plischke erwies.

Manfred Kovatsch | 1940
Haus Kolig am Ossiachersee
Kärnten | 1975—77

ÖA II – 86–88

Cornelius Kolig, Bildhauer und Objektkünstler, hat sich selbst mit seiner Wohn- und Arbeitsstätte »Il Paradiso« (als Gesamtkunstwerk) in Kärnten ein Architekturdenkmal gesetzt.

¶ Dieses Haus als »Zweitwohnsitz« könnte man einen Dialog mit der Landschaft nennen. Neben dem grandiosen Blick auf den Ossiachersee gibt es seitliche kleine Ausblicke, die jeweils einen besonderen Punkt in der Landschaft ins »Visier« nehmen. Kolig war auch Drachenflieger, so könnte man auch das Haus als eine Art Startplatz betrachten.

Das zum Steilhang querstehende Haus über dem Ossiachersee erinnert an die signifikanten Heustadeln in der Kärntner Landschaft. Es wird auf der Bergseite im obersten Geschoß betreten, die kaskadenartig über vier Geschosse gestapelten Räume eröffnen auf jeder Ebene einen eindrucksvollen Blick auf den See.

Aus einem einfachen Zimmermannsgerüst
entwickelte Manfred Kovatsch eine
besondere Raumstruktur.

Eilfried Huth | 1930
Haus in Weinburg
Steiermark | 1977–80

ÖA II – 324

Diese Art von Architektur hat auch eine längere Tradition in der Moderne. Hugo Häring etwa baute 1924|25 unter anthroposophischem Einfluss das Gut Garkau bei Lübeck. Über Friedrich Kieslers »Endloses Haus« führt eine Kette von sogenannter »organischer Architektur« bis in die Gegenwart. Ja, man kann überhaupt durch die ganze Baugeschichte von einer Art Parallelität zwischen geometrischer und »organhafter« Architektur sprechen.

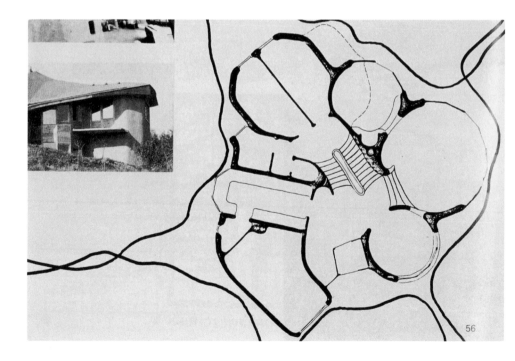

56

Der Entwurf des Hauses
geht von einem höhlenartigen Raumempfinden aus,
das sich in stark mit der Natur verbundenen,
archaischen Kulturen entwickelt hat.
Baustoffe wie Lehm, Weiden, Stroh et cetera
führten zu handwerklichen Techniken,
die bis heute ihren haptisch-wärmenden Charakter
bewahrt haben.

Das Raumkontinuum entwickelt sich
auf verschiedenen, miteinander in Verbindung stehenden Ebenen,
die jedoch mit konventionellen Nutzungen
(gewissermaßen funktionalistisch)
festgelegt sind.

Gerhard Garstenauer | 1925
Sesselliftstationen Sportgastein
Salzburg | 1970–71

ÖA I – 240

Der Bürgermeister von Bad Gastein, Anton Kerschbaumer, beabsichtigte Anfang der 70er Jahre mit der Unterstützung des Architekten am Ende des Gasteiner Tales einen neuen Ort, Sportgastein, zu gründen, um den Wintertourismus wieder zu beleben. Garstenauer baute jedoch nur die Seilbahnanlage. Obwohl die technoide Architektur an sich schon einen erheblichen Werbewert für einen modernen Skiort darstellte, wurde sie von der Mehrheit der Bad Gasteiner Bevölkerung abgelehnt.

Gerhard Garstenauer hatte die Konstruktionen selbst entwickelt. Auch er war Teilnehmer der Salzburger Sommerseminare von Konrad Wachsmann.

Auf 2000 Meter Höhe konnte höchstens drei Monate im Jahr gebaut werden. Es mussten also die Betonarbeiten (Fundamente) sehr zügig ausgeführt werden. Die Alu-Kuppeln wurden dann mit dem Hubschrauber angeliefert. Diese Bauweise entsprach der Natur und dem hochalpinen Klima. Die Architektur entstand aus den natürlichen Gegebenheiten und passte in die Landschaft.

Inzwischen – die Gründe sind mir unbekannt – wurden einige Kuppeln wieder abgetragen. Vermutlich gab es nur »ästhetische« Vorurteile. Garstenauer schuf auch intelligente Liftkabinen, die ebenfalls abgeschafft wurden.

Durch die Form von Halbkugeln wurden die Stationen (außer bei Windstille) vom Schnee freigehalten. Die Wirbelbildung sorgte dafür, dass nicht nur die Dächer, sondern auch der äußere Umgang freigeblasen wurden.

Gustav Peichl | 1928
Erdefunkstelle Aflenz
Steiermark | 1976–79

ÖA II – 137–139

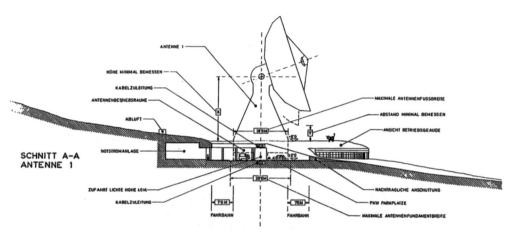

Die Anlage
ist gewissermaßen in den Boden versenkt
und über einen großen Hof
erschlossen.

So ist in der alpinen Landschaft nur der Schirm
wie ein markanter Punkt
und der rasenbedeckte Gebäudering talseitig
als schmaler Streifen sichtbar.

Trotz der eingegrabenen Situation verwirklichte
Peichl einen großen Hof im Inneren der Anlage.

Zugang zu den Verwaltungsräumen
über einen geschützten Vorhof.

Friedrich Kurrent | 1931
Johannes Spalt | 1920–2010
Z-Zweigstelle Floridsdorf
Wien | 21. Bezirk | 1970–74

ÖA III/3 – 242–243

Nach dem Ausstieg von Wilhelm Holzbauer aus der Arbeitsgruppe bekamen Kurrent und Spalt den Auftrag für die Z-Zweigstelle Floridsdorf zur Erweiterung des alten Bankgebäudes.

❡ Der weiße Bau erinnert vor allem innen an die »weiße Architektur« der 1930er Jahre. Der dreigeschossige Saal mit zwei offenen Etagen wird hauptsächlich über eine durch Lamellen gefilterte Glaswand belichtet. Der räumliche Übergang zum Altbau und Eckturm wird durch den abgerundeten Balkon betont.

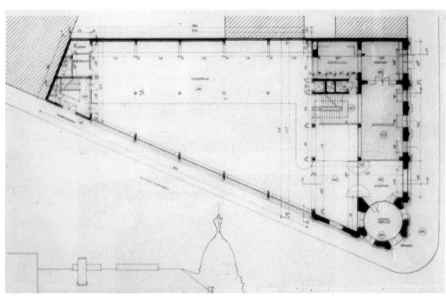

Das trapezförmige Grundstück war die Vorgabe für die Form des Saales.

Dadurch bekam der Saal eine erkennbare Dynamik Richtung Eingang (Eckturm) des historischen Gebäudes. Durch die unterschiedliche Länge der Deckenträger (und die damit verbundene Höhe der Balken) entstand nicht nur eine Steigerung des Lichteinfalls, sondern eine zusätzliche Betonung der Raumflucht.

Günther Domenig | 1934–2012

Z-Zweigstelle Favoriten

Wien | 10. Bezirk | 1975–79

ÖA III/1 – 277–279

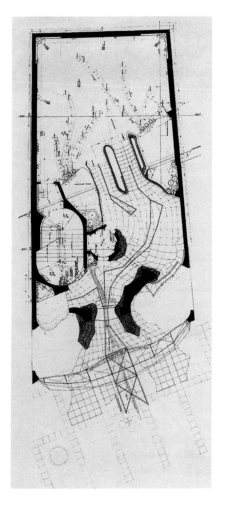

Nach der Welle der architektonisch anspruchsvollen Kirchenbauten in den 50er und 60er Jahren stellte die »Z«, die Zentralsparkasse der Gemeinde Wien, einen Anspruch auf eine innovative, werbewirksame Architektur.

⁋ Ihr Generaldirektor Karl Vak, der in der Mauerbergsiedlung wohnte und Kontakt zu jungen Architekten hatte, wollte aber keine »Corporate Identity«, sondern individuelle Zweigstellen mit hohem Architekturanspruch. So kamen etwa die arbeitsgruppe 4, Hans Puchhammer und Gunther Wawrik, Günther Domenig und viele andere zu interessanten Bauaufträgen. Nur ein Entwurf von Hans Hollein wurde nicht verwirklicht. Die Zweigstelle von Favoriten war ein extremes, skulpturales, vieldiskutiertes Meisterstück der »Grazer Schule«, auch eine kulturelle Herausforderung auf Wiener Boden.

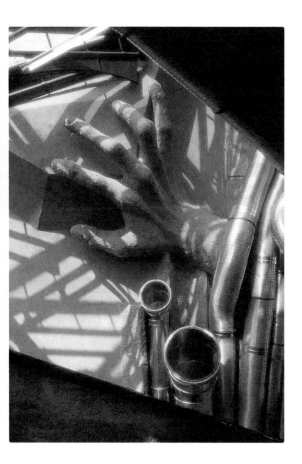

Auch die Innenräume zeigen
eine expressive, spannungsgeladene
Architektur.

*Günther Domenig war ein sehr vitaler, emotionaler und zu dramati-
schen Gesten fähiger Architekt. In diesem Zusammenhang gibt es eine
schöne Anekdote: Es gab einen unlösbaren Punkt an der inneren
Treppenwand, an dem einige Flächen im schrägen Winkel zusammen-
liefen. Als er eines Nachts – er verbrachte viele Nächte auf der Baustelle –
mit dem Polier über diese Stelle diskutierte, schrie er plötzlich: »Halt!«
Als der Polier verdutzt fragte, was los sei, sagte er mit erhobener, die
fragliche Stelle zufällig verdeckender Hand, »da machen wir eine Hand
hin, dann ist dieser Punkt gelöst«. Auch wenn die Geschichte erfunden
wurde, ist sie charakteristisch für seine spontanen Entscheidungen.
Der gebrochene Ringfinger seiner Hand, machte sie zudem zum persönlichen Zeichen des Architekten.*

Wilhelm Holzbauer | 1930
Haus der Landesregierung
Bregenz | Vorarlberg | 1973–80

ÖA I – 412

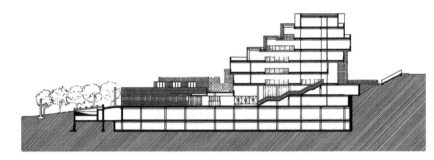

Wilhelm Holzbauer nutzte geschickt eine Geländestufe und
verband mit einem attraktiven Durchgang (der allerdings später
aus Sicherheitsgründen gesperrt wurde) zwei Stadtteile.

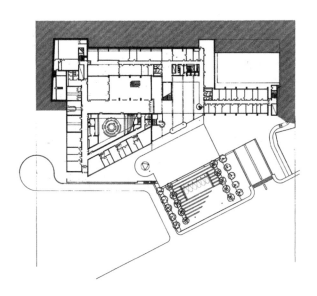

299

Dass ausgerechnet ein Wiener (Salzburger) Architekt mit dem Namen
»Holzbauer« das Vorarlberger Landhaus bauen sollte, hat im Lande
einer hochentwickelten Holzbauarchitektur zunächst Unruhe gestiftet.
Die noch dazu einer gewissen Monumentalität verdächtige Architektur
konnte doch nicht nach Bregenz passen. Erst nach der Fertigstellung
des Gebäudes legte sich die Aufregung.

Sicher hat das Haus eine gewisse großstädtische Präsenz,
die aber mit den öffentlichen Bauten der Stadt durchaus korrespondiert.
Es respektiert die topografische Situation, hat einen einladenden
Vorplatz und der Sitzungssaal entspricht einer erwarteten
ortsüblichen Bescheidenheit.

Das Haus zeigt eine gute räumliche Logistik,
ist benutzerfreundlich und die Atmosphäre der Innenausstattung
ist beruhigend schlicht.

Franz Riepl | 1932
Othmar Sackmauer | 1930
Pädagogische Akademie
Linz | Oberösterreich | 1968–75

ÖA I – 158–159

In dem vielschichtigen Gebäudekomplex der Pädagogischen Akademie
integrierten die Architekten
zusätzlich zu den spezifischen Funktionen
große, für unterschiedlichen Gebrauch
offene Zonen.

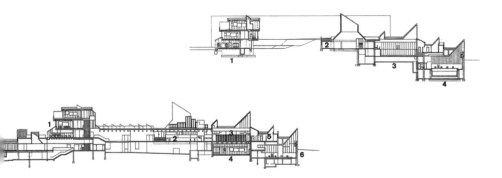

Der Gebäudekomplex reagiert sensibel
auf das unebene und geneigte Gelände
und gewinnt daraus eine besondere
Charakteristik des Ortes.

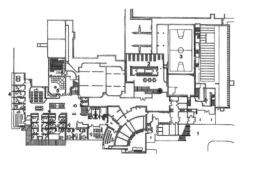

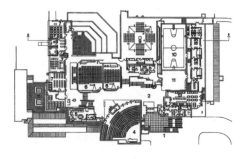

Nach dem Haupteingang reihen sich
einige große Hörsäle aneinander.
Dahinter liegen ein Turnsaal, eine Kapelle
und eine freie Arena, die vor allem im
Sommer stark frequentiert wird.

Das Konzept entspricht einer urbanen Raumlandschaft,
da die Architekten die Hallenbereiche organisch aneinanderfügten
und dazwischen lebendige Zonen mit Sitzgelegenheiten,
Höfen und begehbaren Dächern schufen.

Die Höfe verstärken den Bezug zum Außenraum
und dienen gleichzeitig als Orientierungspunkte
innerhalb des großen Gebäudekomplexes.

Nach wie vor ist die Pädagogische Akademie ein gut organisierter
und lebendiger Schulbau. Die ihr zugrunde liegende, flexible
und räumliche Großzügigkeit wird heute wieder im Zusammenhang
mit neuen pädagogischen Programmen diskutiert.

Karl Odorizzi | 1931
Schulzentrum Harter Plateau
Leonding | Oberösterreich | 1971–75

ÖA I – 67

Oberösterreich hatte in den 70er Jahren
durch Karl Odorizzi eine führende Position im Schulbau.
Zentrale Themen waren kompakte räumliche Systeme,
flexible Raumbeziehungen und mutige,
leichte Konstruktionen.

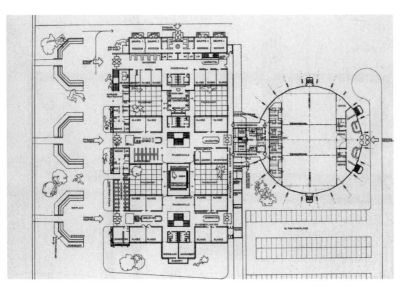

Das Schulhaus als pädagogische »Großmaschine«
war ein Versprechen
für eine dynamische Pädagogik.

Die runde Halle als Kuppelkonstruktion verband die Turnhalle
mit einer Schwimmhalle.
In Österreich kenne ich kein ähnliches Beispiel.

Die damalige Glastechnologie
hatte bei weitem nicht den heutigen Standard, so waren
solche Experimente noch äußerst riskant.

Undichte Stellen
und unterkühlte oder überheizte Räume
waren keine Seltenheit.

Hallenartige Verbindungsräume
galten auch als vielfach nutzbare Raumreserven,
welche heute selbstverständlich sein sollten,
es aber nicht sind.

Ekkehard Hörmann | 1933
Aufstockung Handelsakademie
Innsbruck | Tirol | 1971–77

ÖA I – 364–365

*Das alte Schulhaus in Innsbruck stammt von den bayerischen
Architekten Arthur Ringler und Eduard Klinger aus dem Jahre 1904.
Errichtet im Stil der sogenannten »Tiroler Gotik«, eine Art regionaler
Nationalromantik. Viele öffentliche Bauten wurden in Tirol um die
Jahrhundertwende in diesem importierten Stil errichtet.*

**Der Umbau der Schule durch Aufsetzung von zwei Geschossen
zeigt eine subtile Verflechtung von Neu und Alt.**

Im unmittelbaren Dialog mit dem Altbestand entwickelte
Hörmann Lösungen für jede Klasse. Die Klassen sind also merkbare,
individuelle Orte für die Schüler und Schülerinnen.

Josef Lackner | 1931–2000

Gymnasium, Kloster und Internat der Ursulinen

Innsbruck | Tirol | 1971–80

ÖA I – 363–364

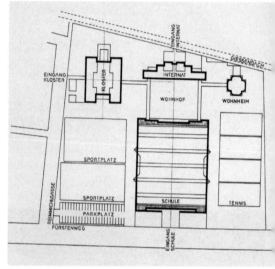

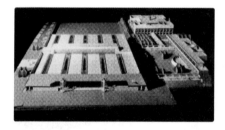

Die Anlage besteht aus einem Kloster,
dem Heim der Schwestern,
dem Gymnasium, dem Schülerheim
und den Außenanlagen.
Lackner ist hier ein Schlüsselwerk
des modernen Schulbaus
gelungen.

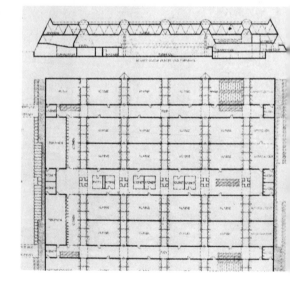

Das Klassengeschoß zeigt ein nicht überbietbares kompaktes Konzept.
Das Obergeschoß ist ausschließlich über die Decke belichtet.
Die Lichtkuppeln liegen streifenartig über den Erschließungsgängen
und belichten nach beiden Seiten die Klassenräume.

Unter dem Klassengeschoß befindet sich die zentrale Halle,
die sich nach allen Seiten öffnet
und einen großen räumlichen Mehrwert erzielt.

Auf die große Schülerzahl reagierte Lackner mit einer großen,
einladenden Eingangshalle.

Kurz bevor Lackner starb,
war er mit mir noch einmal in der Schule.
Die Schwester Oberin wollte ihn fast
umarmen, weil die Schule nach zwanzig
Jahren noch immer so gut funktionierte.
Außerdem wirkte die Schule frisch
und wie neu.

Die Glastonnen verteilen optimal das Licht
in den Klassenzimmern, zugleich sind sie das raumbildende Element
des hallenartigen Klassengeschosses.

Günther Norer | 1939

Volksschule Vomp

Tirol | 1973–75

ÖA I – 348

*Günther Norer war einer der talentiertesten Schüler Roland
Rainers, später ein sehr guter Architekt und ein kultivierter Forscher.
Er beschäftigte sich intensiv mit der Architektur Chinas und
Japans und schrieb ein Gartenbuch. Als er schwer erkrankte, zog er
sich aus dem Berufsleben zurück.*

Die Volksschule von Vomp war seine größte und architektonisch eindrucksvollste Arbeit.

Ein plastisch durchstrukturiertes und abwechslungsreiches Raumkonzept, sensible Lichtführungen und lebendige Innen- und Außenraumkontakte.

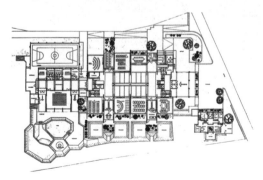

Im Zuge eines späteren, völlig unsensiblen Umbaus
wurden alle diese Qualitäten zerstört.
Der schlimmste Eingriff war die Überdeckung der Anlage
mit einem »Tiroler Satteldach«.

Hans Puchhammer | 1931
Gunther Wawrik | 1930
Landwirtschaftsschule Lambach
Oberösterreich | 1971–82

ÖA I – 63–64

Hans Puchhammer und
Gunther Wawrik erhielten den Auftrag,
für das Stift am Ufer der Traun
eine Landwirtschaftsschule zu planen.
Dabei nutzten sie intelligent
die Terrassen des Traunufers,
um die relativ große Baumasse
gut gegliedert an das
dominante Stiftsgebäude
anzuschmiegen.

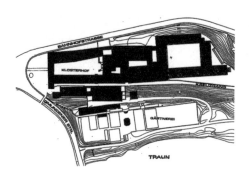

**Die Aneinander-
reihung der
Klassen war also
die einzig logi-
sche Reaktion
auf die anspruchs-
volle Topografie.**

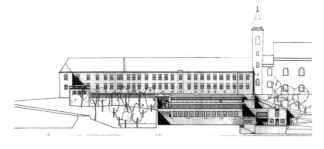

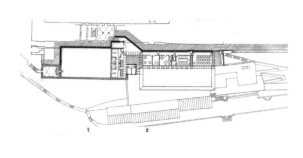

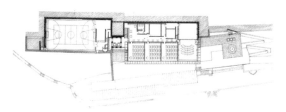

Die Terrassierung des Gebäudes
bewirkt auch Niveauunterschiede im Inneren.

Bemerkenswert ist die Positionierung des großen, gut belichteten Turnsaals in der extremen Hanglage, ohne
dass dieser im ganzen Volumen außen wahrnehmbar wird.

Günther Domenig | 1934–2012
Eilfried Huth | 1930
Mensa der Schulschwestern
Graz-Eggenberg | Steiermark | 1973–77

ÖA II – 366–367

*Die Schulschwestern und Stifte ließen österreichweit schon in den
30er Jahren moderne Schulbauten errichten. Auch hier zeigten sie Mut.
Die dünne, nur 12 cm starke Betonhaut wurde allerdings bald porös,
wasserdurchlässig und musste mit Rheinzink überdeckt werden.*

**Die Mensa der Schulschwestern in Graz
zeigt das Interesse und die Faszination der Architekten
für eine zarte, biomorphe und plastische Architektur.**

Die Bewehrung wurde auf die Schalung gelegt
und dann mit Beton zugespritzt.
Die Stabilität ergibt sich durch die Faltung.

Othmar Barth | 1927–2010
Sportgymnasium Stams
Tirol | 1977–82

ÖA I – 340

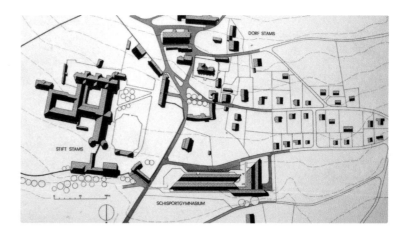

Das Sportgymnasium Stams bedient sich einer symbolischen Sprache: Der Besucher wird von einem metaphorischen Adler (Skispringer) begrüßt.

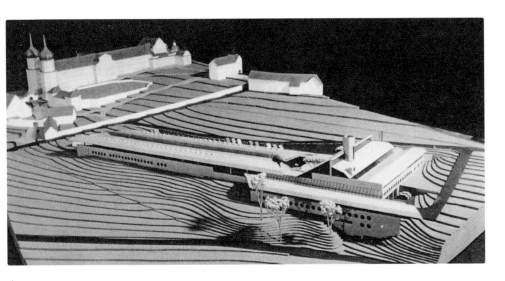

Eine wichtige städtebauliche Entscheidung
war das starke Heranrücken des Schulbaus an das Stift.
Dadurch entstand eine harmonische Einheit
von Geschichte und Gegenwart.

Das abgeschnittene, geschwungene Dach aus zwei Betonschalen
schließt den langen Baukörper effektvoll ab.
Das den First begleitende Glasband belichtet die Eingangshalle.

Ernst Hiesmayr | 1920–2006

Juridische Fakultät der Universität Wien | 1. Bezirk | 1978–84

ÖA III/1 – 35–36

Das Juridicum ist ein besonders geglücktes Beispiel eines in die Innere Stadt integrierten öffentlichen Bauwerks.

Die vier Obergeschosse der Institutsräume
sind an einer mächtigen »Brückenkonstruktion« aufgehängt,
so dass die große Halle im Erdgeschoß
und die darunterliegenden Hörsäle stützenfrei bleiben.

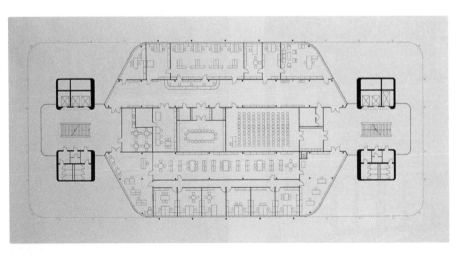

Damit bekamen die beiden Untergeschosse
einen unmittelbaren Kontakt untereinander
und zum städtischen Umraum.

Karla Kowalski | 1941
Michael Szyszkowitz | 1944

Hauswirtschaftsschule

Großlobming | Steiermark | 1979–81

ÖA II – 198–199

Die Architektur
von Kowalski
und Szyszkowitz
stellt in ihrer
betonten Plastizität
einen bewussten
Kontrast zur alten
Schule her. Die
Erweiterung birgt
einen Mehrzweck-
saal, eine Küche
und das Mädchen-
internat.

Trotz oder vielleicht gerade wegen der expressiven Formensprache
entsteht eine besondere Beziehung zwischen beiden Bauten.
Man darf auch an historische, englische Internatsbauten denken.

Die strenge Symmetrie des Neubaus
ist sicher eine Ebene des Kontakts mit dem schlossartigen Altbau.

Roland Ertl | 1934
Fabrik Pichler
Hörsching | Oberösterreich | 1976–79

Schon die Industriebauten
des 19. Jahrhunderts zeigten die funktionale Trennung
von Verwaltung und Produktion.

Diese »Lesbarkeit« wurde von Roland Ertl
in vorbildlicher Weise in eine heutige Architektur übersetzt.

Johannes Spalt | 1920–2010
Kirche am Wienerberg
Wien | 10. Bezirk | 1970 | 1976–79

ÖA III/1 – 258–259

Johannes Spalt hat sich intensiv mit anonymer Architektur beschäftigt, seine Forschungen reichten vom Salzkammergut über Skandinavien, Bulgarien bis nach Japan.

In dieser überaus »wohnlichen« Kirche aus Holz kann man viele überregionale Bezüge entdecken.

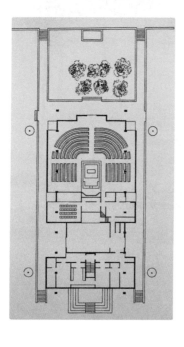

Die luzide Fachwerkskonstruktion,
die damit verbundene strukturelle Leichtigkeit und Lichtführung
zeigen eine neue Atmosphäre des Raumes.

IGIRIEN –

Werner Appelt | 1938–1989
Franz E. Kneissl | 1945–2011
Elsa Prochazka | 1948

Katholische Mehrzweckhalle Rennbahnweg

Wien | 22. Bezirk | 1970–78

ÖA III/3 – 267–268

Mit der Umdeutung der Kirche als »Mehrzweckhalle«
präsentierte die Gruppe IGIRIEN eine Vorstellung von neuer Offenheit
der damaligen katholischen Kirche. Der Bau wurde
sehr kostengünstig zum Teil aus vorgefertigten Elementen
errichtet.

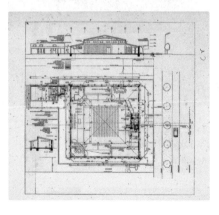

Die zeltartig gedeckte Halle mit einer Holzkonstruktion ist auch unterteilbar ausgeführt. Diese Nutzungsmöglichkeiten wurden aber später nie (oder kaum) wahrgenommen.

Das überaus flexible Raumangebot sollte eine besonders offene Haltung der Kirche gegenüber der multikulturellen Bewohnerschaft in der Wohnanlage am Rennbahnweg darstellen.

Roland Rainer | 1910–2004

Kirche Puchenau

Oberösterreich | 1973–76

ÖA I – 85

Rainer studierte sein Leben lang die Wohnatmosphären unterschiedlichster Kulturen und wollte deren Qualitäten auch in den heutigen Kirchenbau einführen.

Bei diesem Seelsorgezentrum in der Siedlung Puchenau hat Roland Rainer versucht, seine Wohnphilosophie auch bei einem Sakralraum umzusetzen.

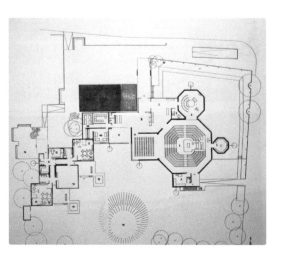

Der anheimelnde oktogonale Raum
mit der niedrig hängenden, künstlichen Beleuchtung,
der warmen Sichtziegelwand und dem natürlichen Oberlicht
erinnert ein wenig an die »Wohnlichkeit«
von Moscheen.

Heinz Tesar | 1939

Pfarrkirche Unternberg

Lungau | Salzburg | 1976–79

ÖA I – 241–242

Obwohl sich Heinz Tesar, auf Grund seiner sehr selbständigen Haltung, von der in diesen Jahren dominierenden Postmoderne distanzierte, beschäftigte er sich mit architektonischen Zitaten oder transformierten historischen Motiven.

Ein solches Thema
war immer das
Portal einer Kirche,
hier eine regio-
nale Übersetzung
in eine heutige
Form.

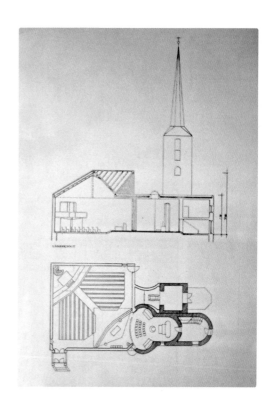

Er erweiterte
den kleinen
romanischen
Chor in der
Diagonale und
fügte ein Gelenk
(den Altarbe-
reich) stimmig
in den Raum
ein.

Mit der diagonalen Blickachse erzeugte er eine »gespannte« Raumbeziehung zwischen Alt und Neu und band die Gemeinde stärker an den Altar.

Ein neues Element im Chor war ursprünglich ein großes Gemälde von Wolfgang Hollegha, das aber von der Gemeinde heftig abgelehnt wurde. Das Bild hatte (angeblich) etwas Unheimliches an sich und schien das Weltbild der Gemeinde zu bedrohen. Hollegha seinerseits lehnte es allerdings ab, der Gemeinde das Bild zu erklären, was damals noch der Haltung moderner Künstler entsprach. Das Bild wurde jedenfalls abgehängt, heute (nach rund 35 Jahren) überlegt man, es wieder anzubringen. Zumindest ahnt man, dass dieses Kunstwerk einen schönen Übergang zwischen dem alten und dem neuen Gebäudeteil darstellte.

Heinz Tesar | 1939
Tonstudio Peer
Steinach am Brenner | Tirol | 1974

ÖA I – 341

Der erste Bauauftrag an Heinz Tesar war das Tonstudio für den Tiroler Pianisten Theo Peer in Steinach am Brenner. Ein Raum mit den besten Bedingungen für das Klavierspiel, die Akustik, die inneren Sichtbeziehungen und den Blick in die alpine Landschaft – eine Art Werkstätte also, die nicht nur große Konzentration, sondern auch Kontemplation erlaubt.

Der balkonartige Austritt mit Blick auf Steinach dient der Regenerierung.

Das Studio ist nicht nur mit dem Wohnhaus verbunden, sondern hat auch eine kleine Wohneinheit (als Rückzugs-möglichkeit) angedockt. Die etwas pittoreske Erscheinung des Bauvolumens ist ein sichtbarer »Abdruck« der speziellen Anfor-derungen des Studios.

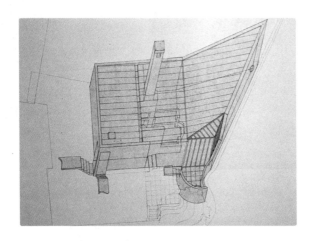

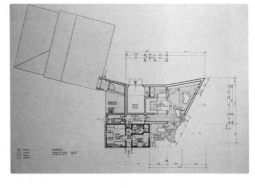

Blick vom Klavier aus: Die »venezianische Decke«
bringt nicht nur akustische Vorteile,
sie strukturiert auch sichtbar den charakteristischen Raum.

Die Positionierung des Eingangs
erlaubt dem Klavierspieler, den ganzen Raum zu überblicken
und jede eintretende Person sofort zu sehen.
Hinter dem Klavier befindet sich ein kleiner Ausblick.

Hermann Czech | 1936
Kleines Café
Wien | 1. Bezirk | 1970 | 1973–74 | 1977 | 1985

ÖA Wien III/1–74F

Czech ist hier etwas gelungen, das die Architektur normalerweise erst im hohen Alter
geschenkt bekommt: eine Atmosphäre, die durch Zeitschichten entsteht,
durch Ramponiertes und Überpinseltes, durch irgendwie Stehengebliebenes.
Inzwischen sind diese Qualitäten durch die Patina legitimiert,
die Kunst ist in den Alltag zurückgekippt.

Bei diesem in mehreren Etappen durchgeführten Umbau
haben sich zahlreiche kleine und tiefgreifende Maßnahmen
bis zur Unsichtbarkeit überlagert.
Das Sichtbarste ist zweifellos
die Verspiegelung der Rückwände der Sitzbänke,
der Materialwechsel bei den Pfeilern,
die durchhängenden Stürze.

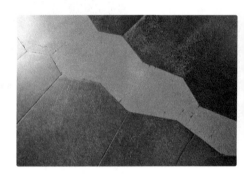

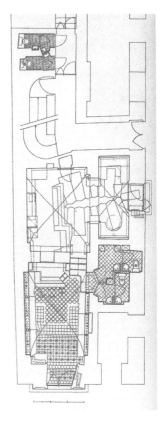

Josef Lackner | 1931–2000
Bad Flora
Hungerburg | Innsbruck
Tirol | 1969–70

ÖA I – 380

*Man kann natürlich sagen, solche Objekte sind Spielereien von reichen
Leuten. Ich glaube aber, dass solche Versuche notwendig sind, weil
sie nicht nur das Hirn durchlüften, sondern dass es sich auszahlt, über
das Einfache und Gewohnte nachzudenken.*

**Die Belichtung erfolgt ausschließlich über die Lichtkuppeln,
bei Dunkelheit ergänzt
durch künstliche Lichtquellen von außen.**

Ein Bad als Anbau an die Villa des
Tiroler Zeichners und Karikaturisten Paul Flora
auf der Hungerburg.
Lackner versuchte auch die kleinste Bauaufgabe
mit grundsätzlichen Überlegungen
neu zu denken.
Die organische Form ist von innen her bestimmt,
das Mauerwerk aus Betonformsteinen fördert
den Bewuchs mit Pflanzen,
sogar das Nisten
von verschiedenen
Vogelarten.

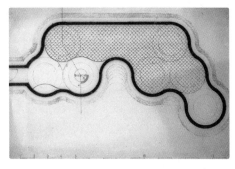

Vom Haus kommend betritt man das Bad über einen Vorraum
mit Dusche. Das Becken ist nicht ganz überblickbar,
es hat sozusagen einen nicht einsehbaren, intimen Bereich.

Der Eingangs- und Duschbereich dient auch als Umkleideraum,
von dem aus man das Becken betritt.

In Anbetracht der freien Form des Schwimmbeckens fragten anfangs
Freunde, warum dieses nicht rechteckig sei. Lackner fragte zurück:
Schwimmst du im Rechteck?

¶   Zusätzlicher Effekt: Der Raum wirkt spielerisch, ja musikalisch.
Das sind die einzigen Fotos, für die ich ins Wasser stieg. So konnte
ich auch den nicht einsehbaren Bereich fotografieren. Ein Erlebnis,
auf dem Rücken zu schwimmen, sich treiben zu lassen und auf
die Baumkronen zu schauen, ja sogar stellenweise die Nordkette
zu sehen.

Walter Pichler | 1936–2012
Häuser für Skulpturen
St. Martin an der Raab
Burgenland | 1972–2012

ÖA II – 488–489

Walter Pichler, Bildhauer und Architekt,
baute einen alten Hof zusätzlich als Werkstätte und Atelier aus.
Ständig kamen neue Räume und Häuser für seine Skulpturen dazu.
Über einen Zeitraum von über dreißig Jahren
entstand ein ausschließlich künstlerisch überformter Ort,
den man als wirkliches Gesamtkunstwerk
bezeichnen kann.

Die Anlage besteht aus dem alten Wohnhaus und Stall (heute Werkstätte) und unterschiedlichen Häusern: Das »Haus für den Wagen«, das »Haus für die bewegte Figur«, das »Haus für den Rumpf und die Schädeldecken«, das »Haus für das große Kreuz«, das »Haus für den Grat« und die »Türmchen«.

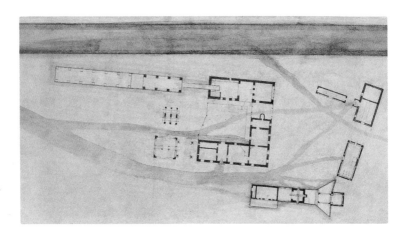

Pichler baute mit den einfachsten ortsüblichen Materialien und den Handwerkern des Dorfes.
Das Geheimnis der Wirkung der Räume geht von den Skulpturen aus.
Man kann von einer »dialogischen Architektur« sprechen.

In der Werkstatt sieht man fertige Arbeiten,
aber auch in der Entstehung befindliche Werke.

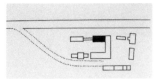

Das »Haus für den Wagen« beherbergt eine mobile Skulptur,
die vielleicht an einen römischen Streitwagen erinnert.
Der Steg ist eine Verbindung in die Werkstatt.

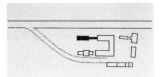

Das »Haus für die bewegliche Figur« ist eine einfach gezimmerte Holzhütte
Über einen Mittelgang klettert man in einen verglasten Spitzboden,
an dessen Ende die bekleidete und bewegliche Figur sichtbar wird.

Die »Häuser für die Stelen« erinnern an die Typologie
von Maisspeichern. Die Figuren können lediglich
von einem seitlich vergitterten Vorraum betrachtet werden.

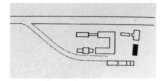

Das »Haus für den Rumpf und die Schädeldecken«
ist in seiner zelebrierten Einfachheit
eigentlich ein unvergesslicher »Sakralraum«.

Neben dem strengen, doppelsymmetrischen Raum für den
altarartig aufgestellten Rumpf und das Gestell für die Schädeldecken,
ist ein fast magisches Licht bestimmend.

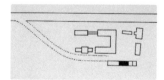

Die »Kapelle« oder das »Haus für das große Kreuz«
war ursprünglich die Waschküche.
Hinter dem Gittertor befindet sich der Vorraum
mit dem anschließenden Kreuz,
das vierseitig durch die Mauern dringt
und den Raum in eine große Spannung versetzt.

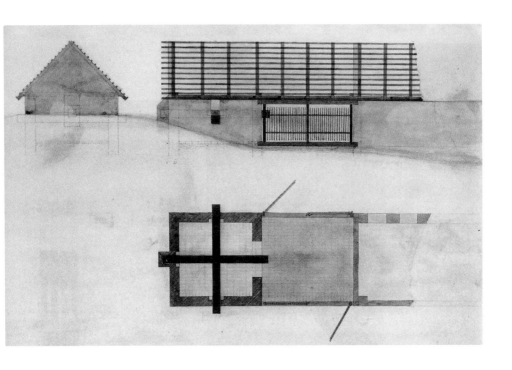

Das »Türmchen«
markiert einen wichtigen Eckpunkt
der Anlage, zwischen dem
»Haus für den Rumpf« und dem
»Haus für das große Kreuz«.

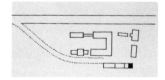

Aus dem Entwurf
wurden »Türmchen« (Baustellenfoto).
Sie bieten dem Besucher zwei Ebenen
der Betrachtung der Figuren
im vertikalen Raum an:
eine Ebene auf der Basis der Figuren,
eine auf deren Höhe.

Die 1980er Jahre

Die 1980er Jahre standen zunächst in einem sehr langsamen, kaum bemerkten Wandel der »analogen Welt« in eine digitale. Der Computer drang in die Architekturbüros vor, änderte die Entwurfstechniken, erzeugte neue Netzwerke bei den Gewerken, und – was für die Architekturentwicklung vielleicht noch einschneidender war – es wurde die Produktion und die Technologie der Bauindustrie (etwa im Holzbau) von der handwerklichen Produktion auf rein industrielle Fertigungstechniken umgestellt.

¶ Da in diesem Jahrzehnt (grob gesprochen) rund drei Generationen am »Ball« waren, gab es einerseits noch die alten »Einzelkämpfer« (50+), verankert in einer handwerklichen Welt, dann die rund 40-Jährigen (die noch unter den alten Lehrern und in deren Büros ihr Handwerk erlernt hatten) und schließlich die Generation der bis 30-Jährigen (die sich – abgesehen von Ausnahmen – begierig für die neuen Medien und Technologien interessierte). Die Ergebnisse dieser Entwicklung wurden aber erst in den 90er Jahren wirklich sichtbar. Man kann also die hier in einigen Beispielen gezeigten Objekte noch nicht von den früheren Jahrzehnten ablösen, doch wer genau hinschaut, wird vor allem in vorgefertigten Details schon Zeichen kommender Veränderungen erkennen.

¶ Wenn man von Veränderungen spricht, so muss man auch auf einige Ereignisse im öffentlichen Leben und in der Politik hinweisen. Diese »Architekturgeschichte« ist noch nicht geschrieben, und kann hier nur in wenigen Beispielen erwähnt werden. Die Österreichische Gesellschaft für Architektur (ÖGFA, gegründet 1965) entwickelte sich in den 70er|80er Jahren, verstärkt durch die Zeitschrift *UmBau*, zu einer die Szene beeinflussenden Institution und die Architekturkritik in den wichtigsten Zeitungen wurde zum Bestandteil der Kulturvermittlung. Anfang des Jahrzehnts gründete Johannes Voggenhuber in Salzburg den ersten Gestaltungsbeirat (in einem größeren Umfang »Das Salzburg-Projekt«), der in vielen Städten, nicht nur in Österreich, Teil eines neuen Architekturverständnisses werden sollte. Salzburg öffnete sich auch (durch zahlreiche Wettbewerbe) verstärkt der internationalen Architekturszene, überwiegend in Richtung Italien und Schweiz. In Graz entwickelte Landeshauptmann Krainer mit jungen Architekten das »Modell Steiermark«, und schließlich wurde auch in Wien im Gefolge der sogenannten Kreisky-Ära eine allgemeine kulturelle Öffnung spürbar. Andere Bundesländer und Städte zogen nach.

¶ Eine früh international wahrgenommene Sonderrolle spielte Vorarlberg, dort gab es eine »Revolution von unten«. Die »Randspiele« und »Wäldertage« markierten schon in den 60er und 70er Jahren einen allgemeinen kulturellen Widerstand gegen die damals noch provinziellen Festspiele. Junge Lehrer, Grafikerinnen, Literaten, Künstlerinnen, Architekten und Sympathisanten schufen ohne Mittel ein buntes Kulturprogramm, und bildeten später auch die Klientel für die jungen Architekten und Architektinnen, weil sie nicht nur an neuen Bauformen (einer Wiederbelebung des Holzbaus), sondern auch an einem ökonomischen und ökologischen Bauen oder dem Schutz der Kulturlandschaften interessiert sind. Verbunden mit einer aufgeschlossenen Holzindustrie (im Bregenzerwald) und fortschrittlichen BürgermeisterInnen entstand eine beispielhafte Baukultur, die später auf ganz Österreich und auch auf das Ausland ausstrahlte. Die Bezeichnung »Baukünstler« verweist auf einen Konflikt mit der Architektenkammer, weil die meist in Graz oder Wien Ausgebildeten sich weigerten, der Kammer beizutreten, oder von dieser nicht aufgenommen wurden, weil sie »nur« ausgebildete Zimmerleute et cetera und an den »Standesregeln« gar nicht interessiert wären.

¶ Während einerseits die sogenannte postmoderne Diskussion (etwa bei uns stark präsent durch die Tessiner Bewegung der »Tendenza«) zweifellos den Architekturbegriff stark veränderte und erweiterte – was heute durch deren formale Vermarktung und Verflachung vielfach vergessen wird –, wurde durch die gleichzeitige technologische Entwicklung die Architektur von einer anderen Seite (Stichwort: Dekonstruktivismus) in ihrer Vielfalt potenziert. Die Entwicklung der 80er Jahre ist heute noch kaum überschaubar, geschweige denn in ihrer Entwicklung darstellbar. Die eingeschränkte Auswahl der Beispiele kann auf dieses Gemenge nur hinweisen.

Ottokar Uhl | 1931–2011
»Wohnen mit Kindern«
Wien | 21. Bezirk | 1981–84

ÖA III/3 – 213–214

Ein Problem der langfristigen Nutzung von kindergerechten Wohnungen entsteht allerdings dadurch, dass dieser Bedarf nur in einem überschaubaren Lebensabschnitt vorhanden ist, sich die Wohnansprüche schnell ändern und die Wohnungen auch leicht veränderbar sein müssten. Allerdings hatten viele der »erwachsenen Kinder« mit ihrem eigenen Nachwuchs wiederum das Bedürfnis, in solche Wohnungen einzuziehen. Dennoch muss eine zu extreme Anpassung der Wohnungen an Lebensabschnitte wiederum in Frage gestellt werden.

Dieser Wohnbau ist das Beispiel eines konsequenten Partizipationsmodells, dessen Planung in unzähligen Sitzungen mit den künftigen Bewohnern durchgeführt wurde, was für das Büro des Architekten einen kaum zumutbaren Zeitaufwand darstellte.

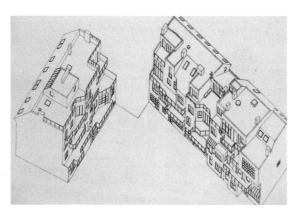

Die drei- bis vier-
geschossigen Häu-
ser umschließen
einen geräumigen
Innenhof, der als
Garten angelegt
wurde. Im Sinne
eines »Wohnens
mit Kindern« haben
auch diese mit
ihren Wünschen
an der Gestaltung
eines offenen
Spielraums mit-
gewirkt. Jede
Familie hatte
selbstverständ-
lich andere Vor-
stellungen und
Wohnbedürf-
nisse, so entstand
eine eindrucks-
volle Vielfalt
an Grundrissen.

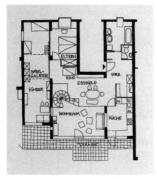

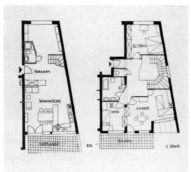

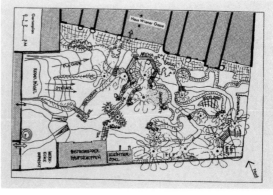

Die Spannweite reichte von der Kleinstwohnung
bis hin zur luxuriösen Großwohnung und zu Maisonetten.

Die Mehrgeschossigkeit
erlaubte sogar eigene »Spielgalerien«
für die Kleinkinder.

Manfred Wolff-Plottegg | 1946

Wohnhausanlage Seiersberg

Graz | Steiermark | 1987–91

www.nextroom.at/building.php?id=2549

Hier möchte ich darauf hinweisen, dass in der Zeit der Industrialisierung in der Steiermark interessante Laubenganghäuser entstanden. Natürlich waren diese nur mit Ein- oder Zweizimmerwohnungen (Klosetts und Wasser außen) ausgestattet. Die Laubengänge stellten einen wichtigen Freiraum für die Familien und deren Kontakte dar. Dieser Typus wurde hundertfach in verschiedensten Varianten gebaut. Man könnte dieses Haus von Wolff-Plottegg als moderne Antwort auf die alte steirische Industriekultur sehen.

❡ Es können aber auch zu enge Kontakte über die laubengangähnlichen Balkone zu Konflikten führen. Für funktionierende Nachbarschaften sind sie allerdings ein schönes Angebot.

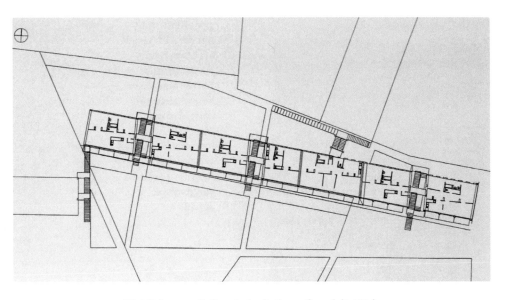

Die Wohnungstiefen sind relativ groß und die Wohnungen durch offene Treppenhäuser erschlossen, welche auch eine optische Durchlässigkeit des »Riegels« gewährleisten.

Während die
Nordfassade aus
thermischen Grün-
den geschlossen
gestaltet wurde,
hat die Südfassade
eine besonders
lebendige und
für die Bewohner
kontaktfreund-
liche Struktur.
Man könnte auch
von einer sensiblen
Weiterentwick-
lung des Lauben-
ganghauses
sprechen.

Der langgestreckte Block stellt durch seine Lage
und gestalterisch betonte Behandlung der Süd- und Nordfassaden
ein besonders raumbildendes Element in der Wohnanlage dar.

Rob Krier | 1938
Hedy Wachberger | 1940
Peter Gebhart | 1939
Wohnhausanlage Breitenfurterstraße
Wien | 23. Bezirk | 1982–88

ÖA III/3 – 400–401

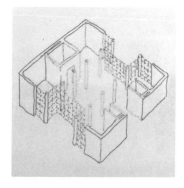

Krier entwickelte auch hochwertige Wohnungstypen, mit einem quadratischen Zentralraum mit beidseitigen Loggien und an den vier Ecken gleichwertige, ebenso quadratische, beliebig nutzbare Räume.

Für die Wohnhausanlage in der Breitenfurterstraße entwarf Krier mit Hedy Wachberger und Peter Gebhart ein abwechslungsreiches städtebauliches Ensemble.

*Rob Krier könnte man als einen »Stadtromantiker« bezeichnen,
der in einem postmodernen Geist versucht, die Qualitäten europäischer
Altstädte mit heutigen Ansprüchen zu vereinen. In Wien nahm
er allerdings städtebauliche und architektonische Beziehungen zu
Gemeindebauten der 1920er Jahre auf.*

Neben einem grünen kleinen und einem großen Hof
mit nischenartigen Erweiterungen, gibt es einen spitzen Kopfbau
und einen kreisrunden, platzartig ausgebildeten
und gepflasterten zentralen Hof,
den man auch als urbanen Identifikationsraum
für die ganze Anlage bezeichnen könnte.

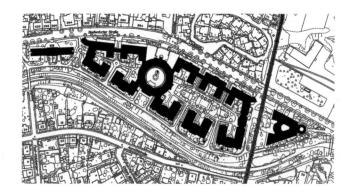

Neben der Erinnerung
an die Wohnhöfe der 20er Jahre darf man auch noch
an einen barocken Städtebau denken.

Viktor Hufnagl | 1922–2007
Wohnhausanlage Tamariskengasse
Wien | 22. Bezirk | 1985–93

ÖA III/3 – 314–315

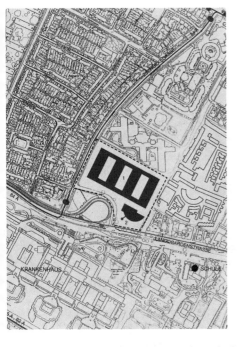

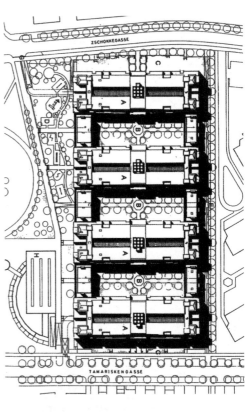

Der kommunale Wohnbau in der Tamariskengasse
zeigt eine interessante Kombination
von Wohnhöfen und gedeckten Erschließungshallen,
die trotz hoher Dichte eine große
Natur- und Außenraumbeziehung haben.

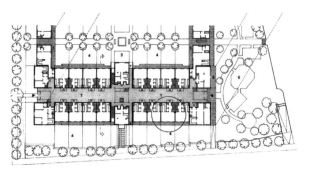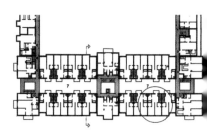

Die erdgeschossigen Maisonetten verfügen über Privatgärten,
die darüber liegenden eingeschossigen Wohnungen
haben Aufgänge zu den Dachterrassen.

Die intensiv benutzte Erschließungshalle
könnte man auch als eine Art erweiterten Wohnraum bezeichnen,
ähnlich der Straßennutzung südlicher Kleinstädte.

Neben den grünen Innenhöfen bieten die glasgedeckten,
mit Galerien und Stegen versehenen Erschließungshallen
einen halböffentlichen Bereich für die Bewohner.
Im Winter sind die Hallen ähnlich Wintergärten geschützt,
im Sommer können die Glasdächer geöffnet werden.

Helmut Richter | 1941–2014
Wohnhausanlage Brunnerstraße
Wien | 23. Bezirk | 1986–90

ÖA III/3 – 402–403

Dieser Wohnbau liegt an einer stark befahrenen Straße und ist dementsprechend von Lärm belastet. Deshalb wurde eine geschlossene Laubenganglösung vorgesehen.

Helmut Richters eigenständige und luzide Architektur zeichnet sich durch die Verwendung neuester Technologien und den verstärkten Einsatz von Glas aus.

Alle tiefen, durchgebundenen Wohnungen
sind zu einem grünen, sonnigen und ruhigen Hof orientiert.

Diener & Diener

Marcus Diener | 1918–1999

Roger Diener | 1950

Hans-Sachs-Hof

Salzburg | 1989

www.nextroom.at/building.php?id=635

Der Hans-Sachs-Hof besteht aus drei unterschiedlich gestalteten Baukörpern. Hervorgegangen aus einem Wettbewerb im Rahmen des ersten Gestaltungsbeirats (in Salzburg von Johannes Voggenhuber installiert), den das Schweizer Büro gewonnen hat.

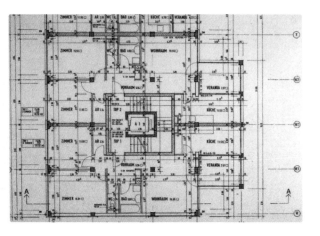

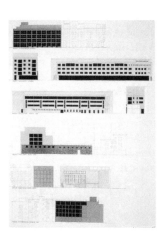

Die Häuser haben eine großzügige Skelettstruktur, die variable Grundrisse erlaubt.

Der trapezförmige Hof wurde begrünt
und zeichnet sich durch interessante Blickbeziehungen
(integriert in die umliegende Bebauung) aus.

Die Wohnungen sind großzügig und nutzungsvariabel angelegt. Außerdem erlaubte oder forderte das Quartier unterschiedliche Wohnungstypen, die nach einer genauen Analyse der Umgebung entwickelt wurden.

Die zentralen Erschließungskerne der Objekte bilden eine Voraussetzung für die Vielfalt der Grundrisse.

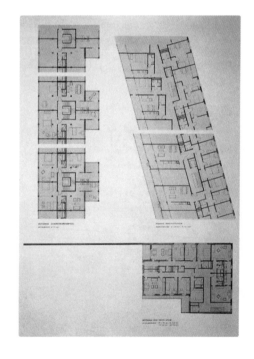

Ralph Erskine | 1914–2005
Hubert Rieß | 1946
Wohnhausanlage Wienerberggründe
Graz | Steiermark | 1982–87

www.nextroom.at/building.php?id=2375

Ralph Erskine hatte in Schweden sein Büro auf einem geräumigen Schiff. Im Sommer fuhr er mit seinen Angestellten vieler Nationalitäten damit auf die Schären hinaus, eine paradiesische Inselgruppe vor Stockholm. Ich habe in keinem anderen Architekturatelier eine so gute und lockere Atmosphäre erlebt.

¶ In ihrer Gesamtheit überzeugt die Anlage durch die städtebauliche Konzeption, den abwechslungsreichen Umgang mit dem Außenraum und die Vielfalt der Wohnungstypen.

Die Wohnanlage besticht durch eine lebendige Ausbildung der Baukörper in Harmonie mit den ebenso abwechslungsreichen privaten und öffentlichen Freiräumen.

Durch differenzierte Zugänge,
individuelle Terrassenaufbauten und räumliche Verschachtelungen
entstand ein räumlich urbaner Komplex.

388

Durch die unterschiedlichen Bauhöhen
und erfrischenden Farben entstanden individuelle und leicht merkbare,
auch der Orientierung dienende Raumsituationen.

Der lebendige und lockere Umgang
mit dem Wasser und dem Gelände verweist auf die
skandinavische naturbezogene Wohnkultur.

Der Umgang mit gedeckten Freiräumen und der Gebrauch von Farben
erinnert aber ebenso an Holzbaukulturen des Balkans,
Nordgriechenlands oder der Türkei.

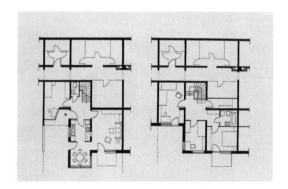

Verschiedene Wohnungstypen sind auch als Maisonetten angelegt,
die aber leider im geförderten Wohnbau
vielleicht etwas zu sparsam ausgeführt wurden.

Heinz Tesar | 1939

Carl Pruscha | 1936

Otto Häuselmayer | 1943

Siedlung Biberhaufenweg

Wien | 22. Bezirk | 1982–85

ÖA III/3 – 330–331

Ziel der Planung war eine Siedlung für heutige Ansprüche in einem Stadterweiterungsgebiet in der Donaustadt. Zur Diskussion der Grundlagen lud man hervorragende Persönlichkeiten, wie den Schweizer Soziologen Lucius Burckhardt ein.

Die zweigeschossigen Häuser von Heinz Tesar
haben zweigeschossige Wohnungen mit einfachen,
aber anspruchsvollen Wohnungen.

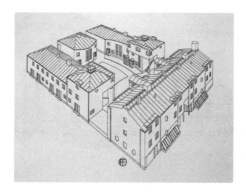

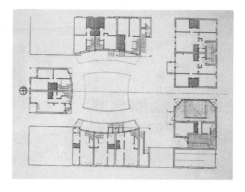

Die Typologie des Marchfelddorfes mit Platz, Straße und Anger war im weitesten Sinne Vorbild für diese Anlage. Der »Platz« wurde von Heinz Tesar, der »Anger« von Carl Pruscha und die »Gasse« von Otto Häuselmayer entworfen.

Den Platz betritt man durch ein Tor, und man befindet sich dann in einem kleinen, anheimelnden und geschützten Freiraum.

Die Vorgärten
verweisen auf das Vorbild der klassischen
(englischen) Wohnstraße.

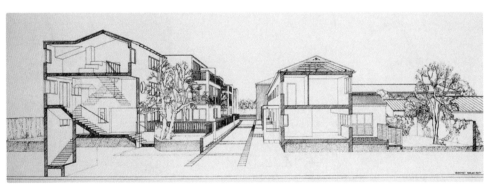

Die Häuser in der »Gasse« von Otto Häuselmayer
zeichnen sich durch zwei- und dreigeschossige Reihenhäuser aus,
deren Zu- und Aufgänge besonders liebevoll gestaltet sind.

Die Häuser mit den Türmchen haben intime Atrien
mit aufgesetzten kleinen Wohnstudios.

Carl Pruscha konzipierte den »Anger«
als trapezförmige Grünfläche,
begrenzt von sehr unterschiedlichen
Haustypen.

Durch den grünen, gemeinschaftlichen Anger,
die privaten Vorgärten und die abwechslungsreichen Haustypen Pruschas
entstand zusätzlich ein einladender Freiraum für die ganze Siedlung.

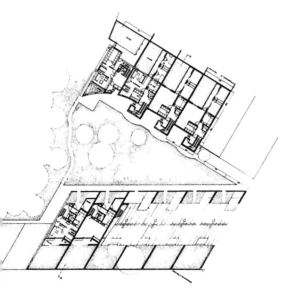

Die Häuser mit den Tonnendächern
übernehmen die schräge Geometrie
des »Angers«, was allerdings deren
Möblierung nicht vereinfachte.

Jacques Herzog | 1950

Pierre de Meuron | 1950

Adolf Krischanitz | 1946

Otto Steidle | 1943–2004

Siedlung Pilotengasse

Wien | 22. Bezirk | 1987–92

ÖA III/3 – 338–341

Die erste Skizze machten die Architekten an einem Wirtshaustisch in Wien. Der Direktor des Architekturzentrum Wien, Dietmar Steiner, war damals Augenzeuge. Der den Entwurf bestimmende Gedanke fand sich bereits in der ersten Skizze: Das vertraute System geradliniger Reihenhauszeilen wurde gegen die Mitte zu leicht gekrümmt, so dass ein räumliches Zentrum entstand. Das verbesserte die Orientierung in der Siedlung, aber das städtebauliche Konzept blieb großstädtisch.

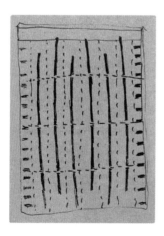 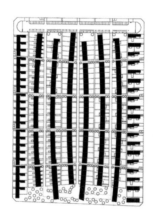

Entworfen von drei verschiedenen Architekturbüros,
stellte die Siedlung Pilotengasse
das großstädtische Gegenmodell zur Siedlung Biberhaufenweg dar.
Beide waren beispielhaft
für die Erneuerung des sozialen Wohnbaus
der 80er Jahre in Wien.

Neben dem Wiener Architekten Adolf Krischanitz wurden
(auf dessen Vorschlag) das Basler Büro Herzog & de Meuron und
der deutsche Architekt Otto Steidle zu Entwürfen eingeladen.

Gehwege verbinden die Gassen
und erschließen damit auch Zugänge
zu den Gartenseiten der Häuser.

Herzog & de Meuron entwarfen für die Reihe an einer Verkehrsstraße
Hakenhäuser mit geschützten Hausgärten, im Erdgeschoß liegen
der Wohnraum mit Küche und Essraum, darüber die Schlafräume.

Otto Steidle plante für die platzartig gekrümmte Mittelzone
betont rationale und kompakte Häuser.

Adolf Krischnitz arbeitete bei der Fassadengestaltung mit Farben (Konzept: Oskar Putz),
der stufenweise Wechsel von dunkel-hell-dunkel in den konkaven Zeilen
machte die Häuser unterscheidbar, und gab ihnen einen erkenn- und merkbaren Ort.

Er baute zwei-
geschossige Häuser
mit abwechselnd
quer- oder längs-
liegenden Stiegen.
Eine Besonderheit
der Grundrisse ist
ihre »kreisförmige«
Verbindung der
Räume, so dass es
keine »gefangenen«
Zimmer gibt.

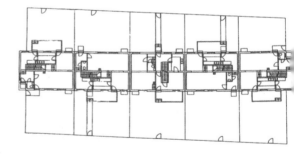

Man weiß, dass in Wohnungen, in denen man rundherum gehen
kann, die Kinder sofort im Kreis laufen. Ich habe kein Wort dafür, aber
diese kreisförmige Erschließung hat etwas mit einer Freiheit der
Raumbeziehungen zu tun, die eine große Qualität und Wohnlichkeit
erzeugen.

Auch die villenartigen Kleinhäuser wurden am gegenüberliegenden Rand der Siedlung
im Rahmen der Wohnbauförderung gebaut
und deshalb als Doppelhäuser mit 130 m² Wohnfläche errichtet.

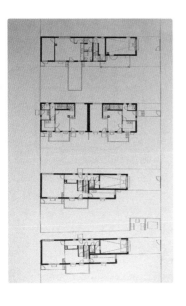

Die besonders ausgefeilten Grundrisse zeugen von Krischanitz' genauer Kenntnis der Wiener Werkbundsiedlung, die er kurz zuvor mit Otto Kapfinger saniert hatte.

Georg W. Reinberg | 1950
Martin Treberspurg | 1953
Erich Raith | 1954

Siedlung Kamillenweg

Wien | 22. Bezirk | 1988–91

ÖA III/3 – 335–336

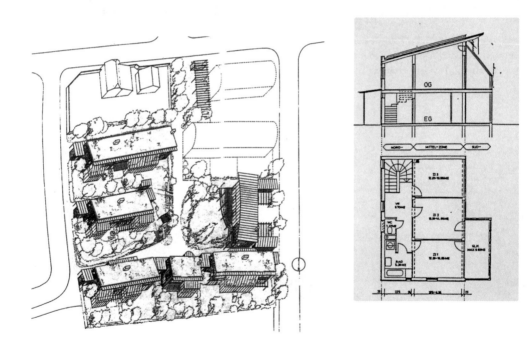

Einen den ökologischen Anforderungen
pionierhaft entsprechenden Hausbau
zeigt die Siedlung Kamillenweg.
Die Ausrichtung der Häuser nach dem Verlauf der Sonne
ermöglicht eine licht- und wärmedurchlässige
Architektur.

**Die Nutzung passiver Energie
durch die den Wohnräumen zugeordneten Wintergärten
und massive Mauern als Speichermasse
an der Nordseite der Häuser
entsprechen einem ökologischen Konzept.**

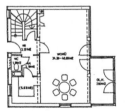 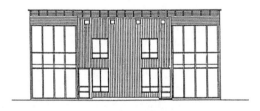

**Die Prototypen entwarfen die Architekten
als Doppelhäuser mit Pultdächern,
in denen sich die Wohnungen über zwei Geschosse erstrecken.**

Das Gemeinschaftshaus, welches an einem idyllischen Teich liegt,
bereichert mit Spielzonen, Sauna- und Hobbyräumen
das gemeinschaftliche Leben in der Siedlung.

Der Bewuchs der Häuser dient auch der Beschattung im Sommer,
während er im Winter Licht und Wärme durchlässt.

Cooperative
Dietmar Eberle | 1952
Wolfgang Juen | 1952
Markus Koch | 1952
Norbert Mittersteiner | 1949

Haus in Koblach
Vorarlberg | 1981

Die Vorarlberger »Cooperativen« arbeiteten ökonomisch,
landschafts- und handwerksbezogen,
dem kam der strukturelle, licht- und luftfreundliche Holzbau
sehr entgegen.

Durch die auf drei Seiten umlaufende Veranda steht das Haus
im Bezug zum jeweiligen Sonnenstand und kann
auch auf die Schatten- und Lichtverhältnisse reagieren.

Das bestimmende Material der Vorarlberger Baukünstler
war natur- und traditionsbedingt zunächst das Holz,
aus welchem sie transparente und filigrane Strukturen entwickelten.

Typologisch
als Einraumhaus
konzipiert,
wird es auch von
einem zentralen
Ofen geheizt.

Elisabeth Rüdisser | 1953
Rudolf Wäger | 1941
Haus in Hohenems
Vorarlberg | 1982

www.nextroom.at/building.php?id=2551

*Elisabeth Rüdisser war eine der wenigen Architektinnen in Vorarlberg
in diesem Jahrzehnt. Sie lebte damals in einer Partnerschaft mit
Rudi Wäger, der kein studierter Architekt, sondern Zimmermann war.
Da er den Ziviltechniker machen wollte, begann er ein Architektur-
studium bei Roland Rainer an der Wiener Akademie. Er war aber von
den Vorlesungen enttäuscht, weil er zu seinen Kenntnissen im Holzbau
nichts mehr dazulernen konnte. So brach er das Studium ab, und
arbeitete im Klima der Vorarlberger Baukünstler weiter.*

Wohnhaus und Garage mit Atelier wurden als Holzbauten ausgeführt,
die man sowohl als konstruktive
als auch als räumliche Erfindungen bezeichnen kann.

Die Trennung von Wohnhaus
und Garage mit darüber liegendem Atelier
bedient sich alter Erfahrungen
der Funktionstrennung im ländlichen
Hausbau, die in großen Kulturen
bis nach Asien reicht.

Der Entwurf thematisiert auch die Zweigeschossigkeit im Wohnen neu:
vertikale Raum- und Sichtbeziehungen, bewusste Planung
von Besonnung und Beschattung, flexible (variable) und großzügige
Raumnutzungen.

Wolfgang Juen | 1952

Wohnhausanlage Nachtgärtle

Fussach | Vorarlberg | 1982–84

www.nextroom.at/building.php?id=2984

Wolfgang Juen,
ein kritischer und
engagierter Archi-
tekt im Bereich
des ökologischen
Bauens, baute
das nach außen
schlicht wirkende
Reihenhaus in
Fussach zusammen
mit einer Eigen-
tümergemein-
schaft.

Diese Veranda kann vielfach genutzt werden:
als Spielraum für Kinder, als Gemeinschaftsraum oder auch
für getrennte private Bedürfnisse.

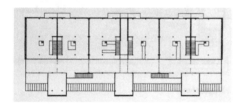

Im schlicht ange-
legten Grundriss
sieht man die
straßenseitig im
Norden liegende,
relativ geschlos-
sene Mauer, wäh-
rend sich auf
der Südseite eine
geräumige, winter-
gartenähnliche,
filigrane, aus Holz
und Metall kon-
struierte Veranda
befindet.

Der Architekt
verwendete
noch brauchbare
Teile von Ab-
bruchhäusern
und fügte sie
lebendig zu einer
Collage zusam-
men, die wie eine
Erzählung aus
einem früheren
Leben wirkt.
So konnte eine
zunächst öko-
nomische Über-
legung in eine
kulturelle Bot-
schaft verwan-
delt werden.

Norbert Fritz | 1935–2006
Siedlung Pumpligahn
Innsbruck | Tirol | 1986–95

www.nextroom.at/building.php?id=2439

Norbert Fritz gehörte zu den »stillen« Architekten mit einem großen Sensorium für das Bauen in der alpinen Landschaft. Diese dichte Flachbausiedlung klettert förmlich den Hang empor, wobei für jedes Haus die Aussicht gesichert ist.

Die südorientierten Atriumhäuser bestehen aus jeweils drei Trakten, verbunden durch einen intimen Wohnhof.

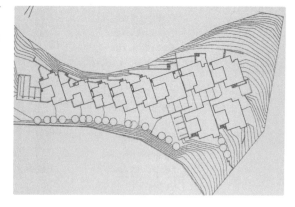

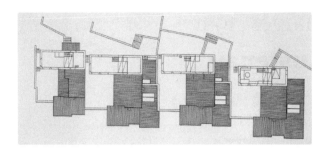

Der nördliche Schlaftrakt ist zweigeschossig, im südwestlichen Eck liegt die Stube mit dem besten Ausblick auf das Inntal.

Die großen Schiebewände liegen hofseitig, während die äußeren Fenster überwiegend dem Fernblick dienen.

Die charakteristische Tiroler Stube ist ein heller freundlicher Raum ohne Altertümelei.

415

Roland Gnaiger | 1951
Haus in Lustenau
Vorarlberg | 1988–89

www.nextroom.at/building.php?id=3002

Dies ist der Beweis, dass alte Hausformen enorme Erfahrungswerte speichern. Generationen haben in diesen Haustypen gewohnt und gearbeitet. Trotz oft total veränderter Nutzung können diese Prototypen Anregungen für heutiges Wohnen geben. Es geht dabei um eine intelligente Um- und Neuformulierung. Solche Häuser können auch, ohne zu stören, einen Dialog mit einer lokalen Baukultur aufnehmen.

**Das Haus in Lustenau von Roland Gnaiger
ist eine Weiterführung des sogenannten Rheintalhauses,
das wiederum eine Variante des voralpinen Bauernhauses darstellt.
Dieses bestand aus der linearen Reihung
von Wohnstock und anschließender Tenne mit Stall.**

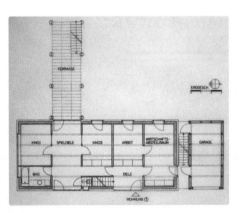

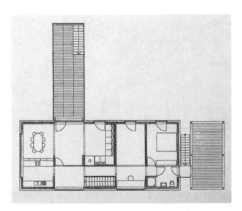

Der Wohnbereich liegt mit Küche und Essplatz im Obergeschoß,
verbunden mit einer langgestreckten Terrasse,
die in den Obstgarten hineinreicht.
Die Tenne ist in diesem Fall in eine Garage verwandelt,
mit einer darüber liegenden, ebenfalls gedeckten Terrasse.

418

Es gibt unterschiedliche Gewohnheiten und Auffassungen über das Wohnen im Erd- oder Obergeschoß, die vermutlich mit uralten Erfahrungen mit Gefahren oder Sicherheiten zu tun haben. Es geht dabei auch um die Beziehung zu Umraum und Natur, die sehr unterschiedlich wahrgenommen werden.

Günther Lautner | 1946

Peter Scheifinger | 1948

Rudolf Szedenik | 1950

Walter Buck | 1943

Uta Giencke | 1943

Raimund Abraham | 1933–2010

Carl Pruscha | 1936

Siedlung Traviatagasse

Wien | 23. Bezirk | 1988–91

ÖA III/3 – 443–444

Die sehr kompakte Anlage wurde in einem Gewerbegebiet in Inzersdorf errichtet, die »festungsartige« Geschlossenheit war also argumentierbar. Die Ränder der Siedlung sind aber durchlässig, so dass der urbane Innenraum viele Kontakte zur umliegenden Landschaft herstellt. Der größere landschaftliche Umraum wird aber erst eindrucksvoll von den Dachgärten erschlossen.

Das städtebauliche Konzept stammt von dem Osttiroler, in die Vereinigten Staaten ausgewanderten Architekten Raimund Abraham. Den Rahmen der geschlossenen Anlage bilden sehr unterschiedliche Reihenhäuser (Westen: Lautner, Scheifinger, Szedenik, Norden: Buck, Giencke, Osten: Abraham, Zentrum: Pruscha, nach Süden offen).

Die Anlage besitzt zwei Torbauten, die den urbanen Charakter betonen. Damit wird auch das Flair einer »mittelalterlichen Kleinstadt« erzeugt, die heute eine gewisse Geborgenheit in einer sich auflösenden Umgebung vermittelt.

Der viergeschossige Gebäudeteil von Lautner, Scheifinger
und Szedenik birgt Maisonetten mit zweigeschossigen Wohnräumen,
die jeweils über einen Laubengang erschlossen werden.

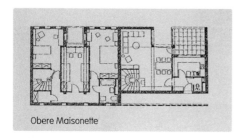

Obere Maisonette

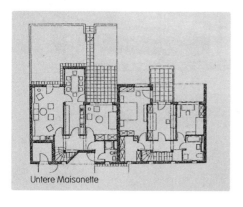

Untere Maisonette

Neben den Balkonen
gibt es kleine abgeschlossene Terrassen
und Hausgärten.

Walter Buck und Uta Giencke entwarfen einen geschlossenen Block
mit unterschiedlichen Wohnungstypen:
Offene Laubengänge erschließen die Etagenwohnungen
des Obergeschosses, während im Erdgeschoß Maisonetten
und vorgelagerte Atriumwohnungen
separate Eingänge besitzen.

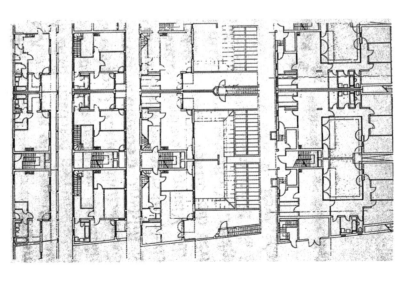

Abraham hat in New York das Österreichische Kulturinstitut mit
nur sieben Meter Breite und hundert Meter Höhe gebaut, sicher eine
extreme Leistung, die von den städtebaulichen Verhältnissen diktiert
war. Im Wohnbau ist eine solche Artistik eher problematisch.
Für junge Bewohner kann das Leben auf vier Etagen sicher auch
seinen Reiz haben.

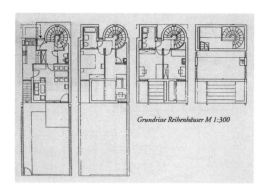

Grundrisse Reihenhäuser M 1:300

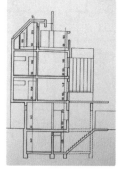

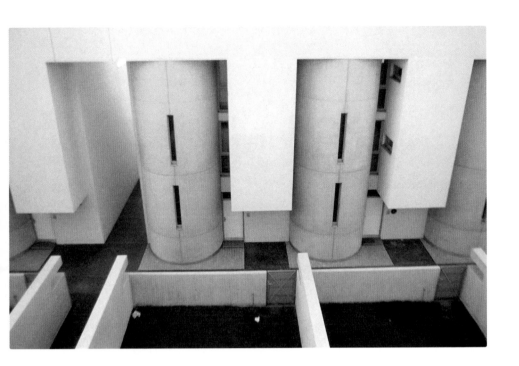

Plastizität und Rhythmik
sind hier die Themen, sie bestimmen
auch die städtebauliche Erscheinung.
Übertrieben (nach Hollein) formuliert:
Das Wohnen ist nur
»geduldet in diesem Bereich«.

Die diagonal angelegte,
inselartige Bebauung im Zentrum
der Anlage stammt von Carl Pruscha.
Die Dichte der dreigeschossigen
Atriumhäuser erinnert an arabische
Siedlungen und schafft
eine betont intime Atmosphäre.

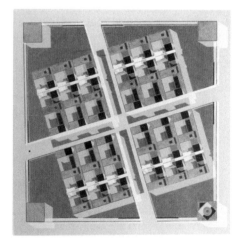

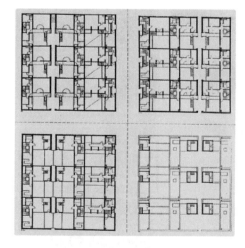

Die schachbrett-
artig angelegten,
kreuzförmig er-
schlossenen vier
»Blöcke« zeigen
eine interessante
Stapelung der
Nutzungen.

Die Atriumhöfe
bilden durch die
Dreigeschossig-
keit »innerstäd-
tische« Räume
mit vertikalen
Kontakten.

Größere Freiräume bilden die Wohnstraßen.
Die Zugänge zu den Höfen sind extrem eng, gleich Schlitzen
in der dominanten Rohziegelstruktur.

Das Erdgeschoß dient der hausinternen Nutzung (Atelier, Büros, Abstellräume, Lagerung et cetera), das erste Obergeschoß bietet eine geschützte Schlafebene (mit Terrasse) und darüber das besonnte Geschoß für das Wohnen, mit einem Auf- und Ausstieg zu den Dachterrassen, die einen überraschenden Rundumblick in die Landschaft eröffnen.

Eine weitere Besonderheit der Siedlung sind Implantate in Form
von Gemeinschaftshäusern für Geselligkeit und Feste, ein Haus
für Jugendliche, ein Kinderhaus, ein Saunahaus und ein Kaminhaus.

Allerdings spielte sich in der ersten Zeit des Bewohnens
das Leben hauptsächlich in den Häusern ab,
was vermutlich auch mit den Bedürfnissen und Erfordernissen
von Familien mit Kleinkindern zu tun hatte.

Markus Koch | 1952
Mike Loudon | 1950
Wohnhausanlage Sulz
Vorarlberg | 1989

www.nextroom.at/building.php?id=3048

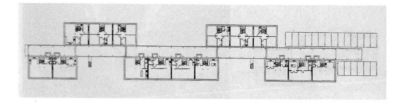

Das normale Nebeneinander von Reihenhäusern
ohne besonderen Kontakt wird durch die lange Verbindungshalle
aller Häuser aufgehoben.

Diese schlichte, zweigeschossige Reihenhausanlage zeichnet sich
durch eine abwechselnd von beiden Seiten belichtete Erschließungshalle
aus, die eine enorme Steigerung der gemeinschaftlichen
Wohnqualität bringt.

Der halböffentliche, neutrale Raum ermöglicht
geradezu eine unbeschränkte Benutzbarkeit.

Günther Domenig | 1934–2012

Steinhaus

Steindorf | Kärnten | 1986–2008

www.nextroom.at/building.php?id=2377

Das Steinhaus ist ein sehr persönliches Manifest, das Günther Domenig in die Kärntner Seenlandschaft (auf dem Grundstück seiner Großmutter) eingeschrieben hat. Mit großem Aufwand und Einsatz schuf er ein unverwechselbares Abbild seiner Architekturauffassung.

Vor dem Entwurf des Hauses machte er wochenlange Studien der Felsformationen in den Kärntner Bergen. Man kann also auch von einer unmittelbaren künstlerischen Transformation von Landschaft in Architektur sprechen.

Ähnlich dem Natur-
stein, erlaubt der
Sichtbeton noch
eine größere Freiheit
in der plastischen
und räumlichen
Gestaltung, die
Domenig sozusagen
»gnadenlos« aus-
nutzte.

Klaus Kada | 1940
Glasmuseum Bärnbach
Steiermark | 1987–88

www.nextroom.at/building.php?id=2378

Klaus Kada kommt ebenfalls aus dem Umfeld der »Grazer Schule«
und bezog ebenfalls sehr früh eine eigenständige Position
in der Architektur. Seine Arbeiten sind material- und strukturbezogene
(Glas | Stahl), luzente, durchstrukturierte Räume, aber immer
in einem sehr nutzerfreundlichen Sinn.

434

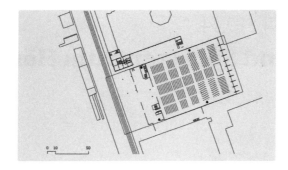

Es handelt sich um die interessante Transformation eines Industriebaus mit Verwaltungsgebäude und Produktionshalle in ein Museum, das allerdings zur ehemaligen Glaserzeugung eine starke Beziehung hat.

Neben der Gebäudetypologie kommt auch die Atmosphäre des Industriebaus der Funktion des Museums entgegen. Die hohe Glaswand der Eingangshalle und die dahinterliegende Skelettkonstruktion wurden sehr effektvoll genutzt.

Roland Ertl | 1934
Kultur- und Sportzentrum Hörsching
Oberösterreich | 1987–93

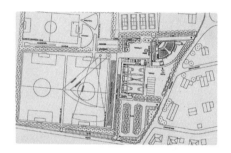 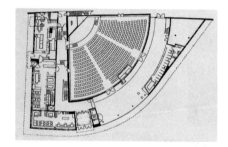

Das Kultur- und Sportzentrum von Hörsching gehört zweifellos
zu den Schlüsselbauten der Architektur in Oberösterreich.
Es besteht aus Sporthalle, großer Außenanlage und Mehrzwecksaal
für Kulturveranstaltungen und Theater.

Das Raumkonzept der Halle verweist
in seiner landschafts- und umraumbezogenen Gestalt
(abgesehen von seiner eigenen Architektursprache)
auf das Linzer Brucknerhaus,
schließlich war Roland Ertl im Atelier von Heikki und Kaija Sirén
an dessen Errichtung beteiligt.

Manfred Wolff-Plottegg | 1946
Umbau Schloss Trautenfels
Steiermark | 1989–93

www.nextroom.at/building.php?id=2436

Manfred Wolff-Plottegg verstand es, sich in einer raffinierten, leicht ironischen Weise mit der Atmosphäre eines alten Landschlosses auseinanderzusetzen. Neben der denkmalgeschützten Substanz vollzog er einen Umbau, der mehr zum Kunstobjekt tendiert, mit Interventionen, die auch ein Schmunzeln erlauben.

Es entstand aus dem Schloss ein außergewöhnliches Regionalmuseum, dessen Ergänzungen eine erkennbare, liebenswürdige und eigenwillige Distanz wahren und nicht in engstirnige Konkurrenz mit dem Bau treten.

Die implantierte Wendeltreppe verwandelt sich beim Begehen
mithilfe der Klaviersaiten am Geländer in einen faszinierenden Klangkörper,
und am Klosett ist man durch Spiegelung nicht allein,
und die Klorollen bieten ein Paradies der Erreichbarkeit, wenn sie sich nicht
durch Unerreichbarkeit in Dekoration verwandeln.

Wenn sich ein Eingangstor in ein Museum in eine Treppe verwandelt,
ist das nicht nur ein Spiel mit der Zeit, sondern auch eine Vorbereitung auf die Tatsache,
dass sich Zeugen des einfachen Lebens im Museumszusammenhang
oft in groteske Gegenstände verwandeln können.

Hans Hollein | 1934–2014
Ganztagsschule Köhlergasse
Wien | 18. Bezirk | 1977–99

www.nextroom.at/building.php?id=2328

Hans Hollein war nach seinen Aufenthalten in Schweden und in den Vereinigten Staaten ein radikaler Kritiker des Nachkriegsfunktionalismus und, im weitesten Sinne, ein Repräsentant der sogenannten Postmoderne. Sein Begriff von Architektur bezog sich vor allem darauf, dass diese mehr als reine Bedarfsdeckung sein müsse. Symbole, Mehrdeutigkeiten, illustrative und dekorative Elemente waren wieder erlaubt, ja gefragt, und ihre Geschichte wurde wieder zum produktiven Bestandteil ihrer Botschaften.

Eine kinderfreundliche Ganztagsschule als Umnutzung und Erweiterung eines alten Baubestands. Der Hof im Erdgeschoß wurde bepflanzt, ein Geschoß höher eine lebendige Terrasse errichtet. Farben sind erlaubt, es gibt bewegte Raumzonen, einen großen, vielgestaltigen Eingangsbereich und viele architektonische Merk- und Orientierungspunkte.

Wie in der ganzen Schule befinden sich
auch in der Eingangshalle viele Nischen und Winkel,
die von den Kindern und auch Besuchern
unterschiedlich genutzt werden.

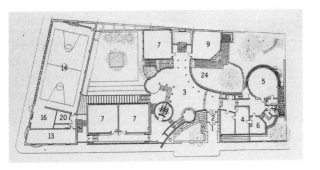

**Über der Turnhalle
wurde ein kleiner Sportplatz
im Freien angelegt.**

Der Klassenturm beherbergt
sowohl runde Klassen als auch eine gedeckte Dachterrasse
unmittelbar im Grünen.

Viele Architekten nahmen den spielerischen Umgang mit Architektur
oft nicht ernst – vor allem bei diesem Schulbau – bei den Kindern
und Lehrern war diese Schule vom Anfang an beliebt.

Anton Schweighofer | 1930
Konrad-Lorenz-Institut
Wien | 16. Bezirk | 1985–92

Das Konrad-Lorenz-Institut dient der Erforschung und Beobachtung unterschiedlicher Tierarten.

Das Haus wurde aus biologischen und atmosphärischen Gründen aus Holz gebaut und bietet eine Vielfalt sehr unterschiedlicher Räume, die an einen kleinen Zoo erinnern.

Im Haus der Vögel können diese frei umherfliegen, wobei auch ihr Verhalten besser beobachtet werden kann. Nach außen erscheint das Haus völlig geschlossen.

Das übrige Raumprogramm umfasst eine Bibliothek und administrative Räume für die Forschenden.

Franz Riepl | 1932
Pädagogische Akademie | Turnhalle
Linz | Oberösterreich | 1988

*Die Sheddächer, die eine optimale Belichtung ergeben, haben
eine lange Tradition im Industriebau, sie haben zum Beispiel bei vielen
Hallen der Voest eine Art »Vollendung« erfahren.*

Der Zubau zur Pädagogischen Akademie betraf die Errichtung
neuer Turnhallen.

Durch die
verglasten Gräben
entstand eine
interessante
Licht- und Raum-
wirkung.

Eine der Hallen
birgt ein
Schwimmbad.

Dieter Henke | 1952

Marta Schreieck | 1954

Sozial- und Wirtschaftswissen-
schaftliche Fakultät

Innsbruck | Tirol | 1989 | 1996 – 99

www.nextroom.at/building.php?id=2764

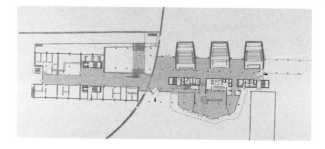

Die Sozial- und Wirtschaftswissenschaftliche Fakultät in Innsbruck ist zweifellos ein Schlüsselbau der Architektur im Tirol der späten 80er und 90er Jahre. Sie wäre ohne den großen persönlichen Einsatz des Rektors und der Architekten nicht entstanden.

In Verbindung mit der Eingangshalle liegen (als eingeschobener Bauteil)
rechts die Mensa, darüber die Bibliothek und dahinter
drei Vortragssäle sowie darunter das große Auditorium.
Auf der linken Seite führt eine großräumige Kaskadentreppe
zu einer verglasten Halle, die zu den zwei Geschossen
der Institutsräume führt.

Der Abbruch der Rennerkaserne erlaubte neben dem Bau des
Universitätsgebäudes die Schaffung eines geräumigen
innerstädtischen Platzes und eine neue Beziehung zum Hofgarten.

Form und Lage der Baukörper reagieren auf die urbane Situation und stellen einen starken Bezug zum größeren Landschaftsraum dar.

Der einladende Platz, die visuelle Durchlässigkeit des Hauses und die öffentliche Nutzung von Mensa und Bibliothek bilden die Voraussetzung für die Verbundenheit des Baus mit dem Zentrum der Stadt.

Die Transparenz der im Obergeschoß liegenden Halle (welche die Institutsräume erschließt)
bietet einen grandiosen Blick auf die Nordkette,
wodurch auch der Bau innen mit der Topografie der Stadt fest verbunden wird.

Man könnte auch sagen, dass diese Halle
den Landschaftsraum in einer eigenen Weise beschreibt
und neu erlebbar macht.

Die nach Norden liegenden Hörsäle
haben keine Sonneneinstrahlung, das Licht wird sozusagen
gefiltert in den Raum geschaufelt.

Michael Alder | 1940–2000
Hanspeter Müller | 1956
Lehrbauhof
Salzburg | 1989

www.nextroom.at/building.php?id=2548

Michael Alder war ein äußerst engagierter und klar denkender Schweizer Architekt, der viel zu früh gestorben ist. Der Lehrbauhof in Salzburg entstand über einen internationalen Wettbewerb, den er gewann. Die Umsetzung des überzeugenden Entwurfs stand unter schlechten Vorzeichen, weil es große Meinungsunterschiede zwischen den Architekten und der Schulleitung gab.

Das bauliche Konzept der Schule bestand aus einem langgestreckten Schul- und Verwaltungsbau, an den im Norden drei Shedhallen (Werkstätten für unterschiedliche Berufe) angedockt sind.

Unterrichtsräume und Hallen verbindet ein geräumiger Gang,
von dem man auch in die Werkhallen unmittelbaren Einblick hat.
Diese räumliche Verbindung von Theorie und Praxis
hat nicht nur pädagogische Gründe, sondern belebt auch die Kontakte
zwischen den Berufssparten.

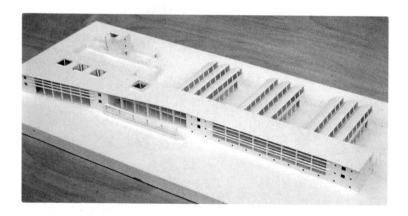

Die Fassaden spiegeln die präzise Planung der Lichtverhältnisse und der Innen-|Außenraumbeziehung wider.

Die disziplinierte Architektur der Klassen, der Vortragsräume
und der Mensa kann man als zusätzlichen Architekturunterricht
und Darstellung handwerklicher Qualitäten bezeichnen.

Schon in der Bauphase konnte man den Einblick in die Werkshallen als gelungen erkennen.

Stadtrat Johannes Voggenhuber, Bürgerinitiative (im Bild rechts), war der Erfinder des Salzburger Gestaltungsbeirats, der nicht nur das Architekturklima Salzburgs grundlegend veränderte, sondern auch jenes vieler europäischer Städte (links: Michael Alder).

Bruno Spagolla | 1949
Volksschule Marul | Zubau
Raggal | Vorarlberg | 1989–97

www.nextroom.at/building.php?id=2789

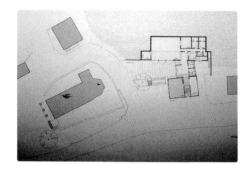

Neben der bestehenden Schule befanden sich Kirche und Friedhof, die durch eine Straßenkreuzung praktisch geteilt wurden.

Erst durch den Zubau entstand ein kleiner, jedoch intimer Platz, der die Situation völlig veränderte.

Mit dem Zubau einer Turnhalle zu einer kleinen Landschule und der Adaptierung des Altbaus, gelang Bruno Spagolla praktisch eine städtebauliche Reparatur eines Ortskerns.

Der räumliche Bezug zwischen Kirche und Schule
ist nicht nur wirkungsvoll,
sondern erzeugt einen kleinen, aber öffentlichen Platz.

Die Turnhalle steckt im Erdgeschoß in dem anschließenden Hang,
so wird der Platz durch eine Glaswand nicht nur visuell,
sondern auch praktisch, etwa für Feste, erweitert.

Hans Hollein | 1934–2014
Haas-Haus
Wien | 1. Bezirk | 1985–90

www.nextroom.at/building.php?id=2340

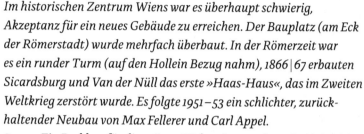

Im historischen Zentrum Wiens war es überhaupt schwierig, Akzeptanz für ein neues Gebäude zu erreichen. Der Bauplatz (am Eck der Römerstadt) wurde mehrfach überbaut. In der Römerzeit war es ein runder Turm (auf den Hollein Bezug nahm), 1866 | 67 erbauten Sicardsburg und Van der Nüll das erste »Haas-Haus«, das im Zweiten Weltkrieg zerstört wurde. Es folgte 1951–53 ein schlichter, zurückhaltender Neubau von Max Fellerer und Carl Appel.

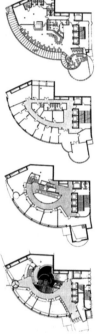

Ein Problem für die spätere Diskussion um den »Stock-im-Eisen-Platz« war, dass von Rudolf von Alt ein Aquarell aus dem 19. Jahrhundert existierte, das einen freien Blick vom Graben zum Stephansdom zeigte, der nie existiert hat und den die Wiener nun wieder haben wollten. Dieses Paradox hat dazu geführt, dass Hollein über fünfzehn Studien machte, um diese »historische Situation« wiederherzustellen. Ein weiteres Problem entstand durch die veränderte Belastbarkeit des Bodens in der Folge des U-Bahnbaus.

Das »Haas-Haus« war durch seine Lage im Mittelpunkt Wiens und durch die als provokant empfundene Architektur zunächst ein umstrittenes und allgemein abgelehntes Implantat gegenüber dem Stephansdom.

Städtebaulich fand Hollein eine gute Lösung für den Standort. Diskutierbar bleibt, soweit das Phänomen der Gewöhnung nicht wirksam wird, eine gewisse (postmoderne) ästhetische Überforderung der Fassaden. So wurde etwa der Versuch einer verzahnten, abgetreppten Verbindung zwischen einer Lochfassade mit dem Glaskörper als zu zeitgeistig empfunden.

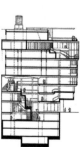

Die Konzeption des Kaufhauses im Inneren zeichnete sich
durch eine Art attraktive Großzügigkeit aus, hatte aber Probleme in der Nutzung.
Die exklusiven Läden waren von den Galerien einsehbar, gewissermaßen ausgestellt,
was man aber mit den Bedürfnissen der noblen Kundschaft
(die noch dazu permanent fotografiert wurde) nicht in Einklang bringen konnte.
Die Konsequenz daraus war, das räumliche Angebot zu ändern
und Etagen einzuziehen.

Die übertrieben ästhetischen Inszenierungen stellten auch die Tragik des prominenten Gebäudes dar. Dietmar Steiner schrieb einst über die nicht enden wollende künstlerische Innenausstattung des Hauses: »Wenn er nur aufhören könnt'«.

Der folgende Umbau des Hauses machte aber die Architektur kaputt. Heute kann man schon behaupten, dass auch eine äußere Veränderung des Haas-Hauses große Empörung auslösen würde.

Die Halle erinnerte an ein Theater im Sinne einer sich selbst ausstellenden Gesellschaft. Die Kunden waren zugleich Schauspieler und Publikum.

Volker Giencke | 1947

Kirche in Aigen im Ennstal

Steiermark | 1989–92

www.nextroom.at/building.php?id=2413

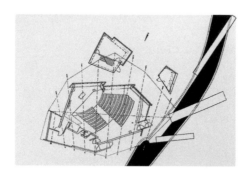

In den 80er Jahren wurden nur wenige
Kirchen gebaut. Giencke schuf hier
zum Ende des Dezenniums nicht nur
einen gespannten (und spannenden) Raum,
sondern besetzte einen inselartigen Platz
am Ortsrand oder machte diesen
erst sichtbar.

Der fragile Stahlbau, in Kombination mit einem filigranen Holzbau,
erzeugt, neben der dynamischen Raumkonzeption
und den diagonalen Zugängen über das Wasser einen
unvergesslichen architektonischen Ort.

Die schöne Lage an einem Bach wurde auch für Eingangsbereich
und Umraum eindrucksvoll genutzt.

Das Innere der Kirche ist ein »Lichtraum« durch farbige Glaswände,
der trotz seiner unkonventionellen Architektur
eine starke Beziehung zu alten Kärntner Sakralräumen herstellt.

Die 1990er Jahre

Die 1990er Jahre sind noch zu nahe, um einen historischen Überblick zu erlauben. Charakteristisch ist ein weiteres Ansteigen des allgemeinen architektonischen Niveaus und der Baukultur. Das bedeutet auch ein gleichzeitiges Vordringen der engagierten Architektur in die ländliche, bäuerliche Lebenswelt, in die Tourismusregionen, aber auch in den sogenannten Mittelstand und in gewerbliche Gebiete an den Stadträndern und in Ballungsräumen.

¶ Gleichzeitig führt das größere Angebot der Bauindustrie an Fertigprodukten, gar nicht zu reden von den Baumärkten, zu einer Nivellierung, ob in der Entwicklung von Materialien und Baustoffen, ob im Bereich der Ausstattung, etwa in der Herstellung von Möbeln – bis hin zu Fertighäusern.

¶ Abgesehen von »Stararchitekturen« oder den Kategorien öffentlicher Prestigebauten (im »Wettbewerb zwischen Städten oder Kommunen«) nehmen langsam individuelle Positionen, wie sie in der sogenannten analogen, handwerklichen Welt noch leichter möglich waren, ab. Man könnte sagen, das »Bauen von der Stange« hebt das Niveau der allgemeinen Bauproduktion auf Kosten einer individuellen Vielfalt.

Mit einer Analyse »stilistischer« Entwicklungen etwa
käme man vermutlich in große Verlegenheit, weil sich der
Architekturbegriff, die Wahrnehmung der das Bauen beeinflus-
senden Faktoren, enorm erweitert hat und in einem rein
ästhetischen Rahmen gar nicht mehr dargestellt werden kann.
Der Versuch, ein auf Österreich begrenztes Jahrzehnt in ein
oder zwei Vorlesungsstunden zu vermitteln, bliebe ein lächer-
liches Unternehmen. So habe ich mich auf einige wenige
Beispiele beschränkt, die in den wichtigsten Kategorien des
Bauens den Stand der architektonischen Entwicklung
sichtbar machen.

Dieter Henke | 1952
Marta Schreieck | 1954

Wohnhaus Frauenfelderstraße

Wien | 17. Bezirk | 1990–93

ÖA III/2 – 188–189

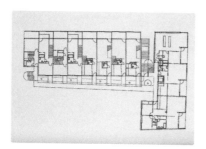 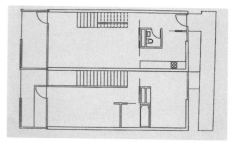

Die Architekten sahen als vorherrschenden Wohnungstyp
Maisonetten vor, wobei die im Obergeschoß liegenden über
einen stegartigen Laubengang erschlossen sind.

Die Auseinandersetzung der Architekten mit der Wiener Blockrand-
bebauung – eines im 19. Jahrhundert vielfach variierten Gebäudetyps –
führte beim Wohnhaus in der Frauenfelderstraße
zu einer ungewöhnlichen Lösung.

Das Eckgebäude umschließt nicht nur einen intimen Hof,
sondern versöhnt auch die Straßenfront durch
Vorgärten mit der Verkehrsebene.

Durch die Zweigeschossigkeit der Wohnungen ergibt sich eine
gute Belichtung der Räume über die ebenso hohen Balkone.

Florian Riegler | 1954
Roger Riewe | 1959

Wohnbebauung Strassgang

Graz | Steiermark | 1992–94

www.nextroom.at/building.php?id=2547

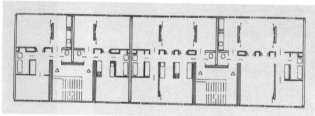

Das strenge und zugleich offene Konzept der durchgebundenen Wohnungen
mit vier bis fünf Räumen nützt durch eine mittig liegende Kernzone (der dienenden Räume)
optimal die Belichtungsmöglichkeiten durch die Außenwände.

472

Selbstverständliche Bedingungen wie behindertengerechte Hauseingänge wurden unauffällig, ja unaufdringlich gelöst.

Mike Loudon | 1950

Wohnhaus Heinrich-Lefler-Gasse

Wien | 22. Bezirk | 1992–95

ÖA III/3 – 307

Die stark die
Fassade bestim-
menden Fenster-
formate sind
auch eine Infor-
mation über die
variablen Grund-
risse, die beson-
dere Beziehungen
zum Außenraum
herstellen.

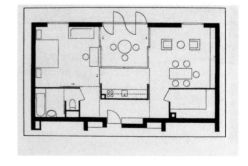

Schon der
Hauseingang
signalisiert
hohe Raum-
qualität in den
Wohnungen.

Dieter Henke | 1952
Marta Schreieck | 1954

Terrassenwohnungen Seefeld
Tirol | 1993–96

www.nextroom.at/building.php?id=1024

**Die schwierige topografische
Situation an einem steilen
Nordwesthang überlisteten
die Architekten durch
eine diagonale Belichtung
der Wohnungen von Westen.**

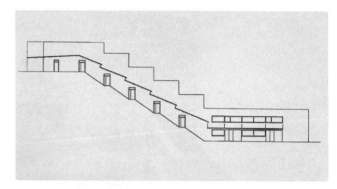

Die Kleinwohnungen begleiten beidseitig das lineare, optimal belichtete Treppenhaus. Durch dieses Kaskadenkonzept wird auch der gesamte Bau im Inneren mit einem Blick überschaubar.

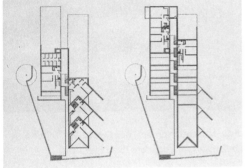

Durch die versetzten, abgetreppten Terrassen, verbunden durch ein
in der Mitte liegendes, durchgehendes Treppenhaus,
entstand eine logische Antwort auf die extreme topografische Situation.

Die ebenerdige Garage und die im hinteren Teil des Gebäudes liegenden Aufzüge ermöglichen eine behindertengerechte Erschließung.

Die gesamte Anlage ist mit ihrem extrem verdichteten, die Landschaft schonenden Konzept eines der wenigen Beispiele einer wirksamen Verhinderung von Zersiedelung der alpinen Landschaft.

BKK-2

Christoph Lammerhuber | 1966

Axel Linemayr | 1965

Evelyn Rudnicki | 1963

Franz Sumnitsch | 1961

Florian Wallnöfer | 1962

Johann Winter | 1949–2012

Wohnanlage Sargfabrik

Wien | 14. Bezirk | 1993–96

www.nextroom.at/building.php?id=2631

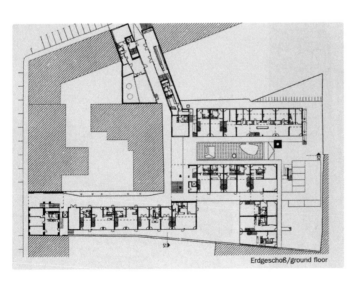

Erdgeschoß/ground floor

**Neuüberbauung einer alten Fabrikanlage für Wohn- und Kulturzwecke.
Grundlage dafür war die Gründung eines Vereins,
der den Planungsprozess bestimmte.
Bis heute lebt eine sehr aktive Gemeinschaft in der Wohnanlage,
die auch das kulturelle Leben des Quartiers mitgestaltet.**

Auf Hofniveau befinden sich behindertengerechte Wohnungen, in den darüber liegenden Stockwerken gibt es zweigeschossige Wohnungen mit großzügigen Galerien.

Der Schornstein erinnert an die ehemalige Sargfabrik, außerdem übernahm die Lage der Wohnblöcke die Figuration der ehemaligen Bebauung, so dass atmosphärisch eine starke Beziehung zum historischen Ort erhalten blieb.

Neben den Wohnungen besteht die Infrastruktur aus einem Restaurant, einem Vortragssaal, einem Badehaus, einem Kinderzentrum und begrünten Dachgärten.

Das Leben in der Wohnanlage Sargfabrik ist ein wichtiger Impuls für die Nachbarschaft, ein durchlässiger, urbaner Bereich, der auch von den Nachbarn gern aufgesucht wird. Es war nie schwierig, auch mit größeren Gruppen dort aufzutauchen, man ist kein Eindringling und wird immer höflich empfangen.

Die selbstbewusste Architektur und die starke Farbigkeit der Objekte bilden ein überzeugendes Element der örtlichen Orientierung.

BUS Architektur
Claudio Blazica | 1956–2002
Rainer Lalics | 1958
Laura Spinadel | 1958

Compact City

Wien | 21. Bezirk | 1993–2001

ÖA III/3 – 204–205

Trotz der urbanen Mischung und des vielfältigen Angebots von Nutzungen funktioniert die Anlage nicht wie geplant und weist Leerstände auf. Laura Spinadel war die treibende Kraft dieses Projekts, ihr südamerikanischer kultureller Hintergrund, ihr Verständnis von Stadt ist vielleicht für Wien noch nicht ganz lebbar.

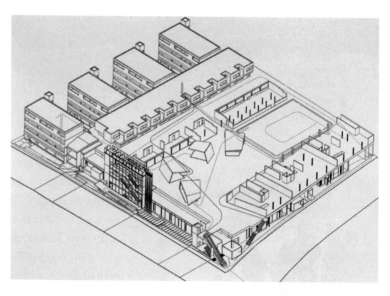

Die Anlage Compact City
beherbergt ein Einkaufszentrum und die Garage im Erd- und in zwei Untergeschossen, darüber einen großen Platz mit einem Café, Geschäften und Spielbereichen für die Kinder. Im rückwärtigen Teil schaffen Wohnungen, Werkstätten, Ateliers und Büros ein urbanes Ensemble.

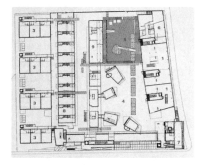

Schnitt und Grundrisse zeigen die vertikale Schichtung
und die horizontale Mischung der Funktionen –
ein altes, aber auch wieder ganz neues Verständnis von Stadt.

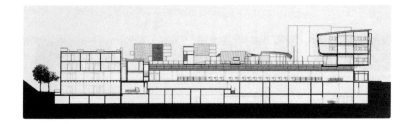

Franziska Ullmann | 1950

Elsa Prochazka | 1948

Gisela Podreka | 1951

Liselotte Peretti | 1951

Wohnhausanlage Frauen-Werk-Stadt

Wien | 21. Bezirk | 1995–97

ÖA III/3 – 202–204

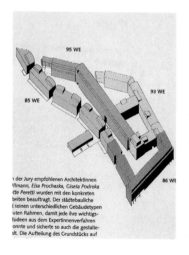

n der Jury empfohlenen Architektinnen
llmann, Elsa Prochazka, Gisela Podreka
tte Peretti wurden mit den konkreten
beiten beauftragt. Der städtebauliche
t seinen unterschiedlichen Gebäudetypen
uten Rahmen, damit jede ihre wichtigs-
sideen aus dem Expertinnenverfahren
onnte und sicherte so auch die gestalte-
alt. Die Aufteilung des Grundstücks auf

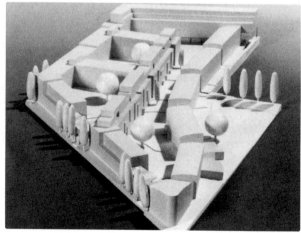

**Der geladene Wettbewerb war nur für Architektinnen ausgeschrieben.
Die Jury für das Projekt arbeitete unter dem Ehrenvorsitz
der damals fast hundertjährigen Margarete Schütte-Lihotzky.**

Die Architektinnen der Anlage distanzierten sich zurecht von dem Begriff »Frauenarchitektur«. Die Idee hinter dem Projekt war aber, dass Frauen für bestimmte Probleme oder Themen des Wohnbaus einen anderen, auch besseren Zugang hätten. Beispielsweise Aspekte der Kinderfreundlichkeit in Wohnanlagen oder Probleme von Alleinerzieherinnen – hier können Frauen andere Erfahrungen haben. Im Vordergrund blieben aber allgemeine Fragen des urbanen Wohnens.

Der städtebauliche Masterplan des Siegerprojekts stammt von Franziska Ullmann.
Die Gebäudeplanung wurde auf vier Architektinnen aufgeteilt, deren Architektur und Angebote an Wohnungen sich deutlich unterscheiden.

Die Topografie des Baugrunds
hat Höhenunterschiede bis zu einem
Regelgeschoß, und es wurden nicht
nur Wohnungen gebaut. Es gibt
zusätzlich Geschäfte, einen Kindergarten, ein Kommunikationszentrum,
Arztpraxen und auch Wohnungen
für Behinderte.

Die architektonischen Auffassungen
vom Wohnbau waren bei den vier
Architektinnen sehr unterschiedlich
und bilden eine Grundlage für die
Vielseitigkeit der Anlage.
Während etwa Franziska Ullmann
ein großstädtisches Haus an der
Donaufelder Straße errichtete, schuf
Gisela Podreka ein Haus um einen
intimen Gartenhof.

Der Gebäudeteil von Elsa Prochazka
enthält Wohnungen, die sich mit allen Lebensphasen einer Familie beschäftigen,
also einen Schwerpunkt in Variabilität und änderbarer Nutzung haben.

Der auch von ihr geplante Kindergarten nutzt sehr geschickt die Geländestufe
für den Kontakt mit dem Garten, während die Wohnungen zusätzlich durch große Erker
(die Erinnerung an türkische Häuser ist erlaubt)
einen Sichtkontakt zum öffentlichen Raum herstellen.

Die Studien für die familiären Nutzungsänderungen zeigen sehr gut, wie im Laufe eines Lebens die Wohnungen die unterschiedlichsten Bedürfnisse befriedigen müssen und wie die Lebenszyklen sehr verschiedene Ansprüche stellen.

Varianten „Ein Zimmer für mich allein" ist für jedes Familienmitglied bei gemeinsamen Küchen- und Eßplatz möglich.

Kleine Kinder brauchen Nähe und Aufsicht. Untertags ist Sichtkontakt zur Küche und zum Wohnzimmer wichtig, abends stört auch Besuch im Wohnzimmer nicht beim Einschlafen, dafür soll das Elternschlafzimmer nahe sein. Das Zimmer beim Eingang kann flexibel genutzt werden – für Gäste, zum Arbeiten ...

Die Kinder sind älter. Ein gemeinsames großes Kinderzimmer bietet genügend Platz zum Spielen.

In Wien wird jede zweite Familie geschieden. Die Mutter bleibt mit den Kindern in der Wohnung, durch Einziehen einer zusätzlichen Zwischenwand wird die getrennte Begehbarkeit aller Räume möglich und ein zusätzlicher

Teenager wollen möglichst ungestört sein u brauchen jeder ein eigenes Zimmer. Sie möten auch unbemerkt kommen und gehen bzw. Besuch erhalten, der nicht von allen „bestaunt" wird. Die zwei vorderen Zimme mit dem Verbindungsgang vor dem Bad

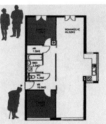

Das Ehepaar wird miteinander älter. Ein alleinstehender Elternteil wird zunehmend pflegebedürftig und zieht zu ihnen. Ein relativ störungsfreies „Nebeneinander" ist zumindest räumlich aufgrund des Zimmers beim

Auch andere Wohnformen sind möglich: ein „Loft" für eine Künstlerin – siehe oben.

Weiters denkbar: eine Wohngemeinschaft von vier StudentInnen, zwei Alleinerzieherinnen mit je

Carlo Baumschlager | 1956
Dietmar Eberle | 1952
Wohnanlage Mitterweg
Innsbruck | Tirol | 1995–97

www.nextroom.at/building.php?id=2887

Die Anlage Mitterweg in Innsbruck zeigt einen sehr ökonomischen Haustyp:

Der würfelförmige Baukörper mit einer totalen Ausnutzung aller Außenwände, verrät einen interessanten Grundriss.

Der quadratische Grundriss erlaubt eine sparsame, zentrale Erschließung über eine von oben belichtete ebenso quadratische Halle.

Dieser prototypische, durchrationalisierte Grundriss erinnert an klassische Vorbilder, etwa an die Villa Rotonda von Palladio, mit vier gleichen Fassaden, die durch die Himmelsrichtungen vier ganz unterschiedliche Qualitäten der Belichtung anbieten.

Heidulf Gerngross | 1939
Wiener Loftsiedlung
Wien | 21. Bezirk | 1995–97

ÖA III/3 – 221–222

Obwohl die räumliche Qualität der Lofts enorm ist, hatte dieses Bausystem in Wien kaum Erfolg. Aber vielleicht wird seine Qualität (etwa für Entwicklungsländer) noch einmal entdeckt.

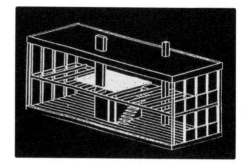

In dem zweigeschossigen Raumsystem des Wiener Lofts – ursprünglich als reiner Holzbau konzipiert – gibt es austauschbare Decken, damit auch eine Doppelgeschossigkeit verschiedener Räume. Die Module erlauben fast unerschöpfliche Raumvariationen.

Heidulf Gerngross erfand das »Wiener Loftsystem«, konnte aber leider damit nur zwei Beispiele realisieren. Eines davon findet man in Floridsdorf.

Die Module können gestapelt oder gereiht werden und erlauben
zusätzlich sehr dichte und ökonomische Bebauungsformen.

Raimund Rainer | 1956
Andreas Oberwalder | 1951
Wohnhausanlage St. Anton am Arlberg
Tirol | 1996–98

www.nextroom.at/building.php?id=2917&inc=datenblatt

Dieser vernünftige Umgang mit den Ressourcen der Landschaft stellt leider noch eine Ausnahme in unseren Schigebieten dar.

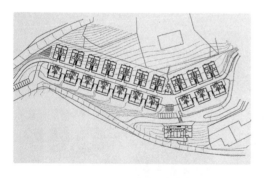

Die Baukultur in alpinen Tourismusregionen hatte es lange Zeit relativ schwer, an eine zukunftsweisende Architektur anzuschließen. Am frühesten gelang es in Tirol noch an der Vorarlberger Grenze.

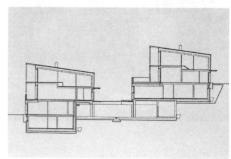

Die Besonderheit der Familienhäuser
besteht auch in den angedockten Räumen im Erdgeschoß,
die vermietbar oder als Arbeitsräume nutzbar sind.

Die dreigeschos-
sigen Reihenhäuser
sind so angelegt,
dass man jeweils
in den Oberge-
schossen über die
darunterliegenden
Häuser hinweg
auf die Berge und
durch die Hausab-
stände ins Tal
schauen kann.

Hans Gangoly | 1959
Wohnhaus am Mühlbach
Graz | Steiermark | 1999

www.nextroom.at/building.php?id=3136

Bei der Umnutzung der alten Stadtmühle musste aus Gründen des Denkmalschutzes die innere Holzstruktur erhalten bleiben, dadurch entstand ein unverwechselbarer und atmosphärisch eindrucksvoller Zugang über einen gedeckten Hof.

Auch in den Wohnungen ergaben sich
aus den zufälligen Situationen durch die Holzstruktur individuelle,
identitätsstiftende Wohnräume. Solche Angebote
eines Bestandes müssen natürlich von einem Architekten
erkannt und genutzt werden.

Rainer Köberl | 1956

Alten- und Pflegeheim Feldkirch-Nofels

Vorarlberg | 1992–96

www.nextroom.at/building.php?id=2669

Der geschlossene Hof ist überschaubar und vielfältig nutzbar. Die Raumbeziehungen wirken anheimelnd, der Wechsel von Nischen und größeren, gedeckten Freiräumen ist ausgewogen. Man kann sich auch in Ruhe zurückziehen und trotzdem das Leben im Hof beobachten. Alte Menschen sind in ihren persönlichen Beziehungen und in der Auswahl ihrer Kontakte sehr empfindlich. Dieses Haus ermöglicht eine optimale Wahlfreiheit der Beziehungen und reagiert sehr klug auf die psychischen Befindlichkeiten der Bewohnerschaft.

Das Pflegeheim für alte Menschen zeigt eine geglückte Neuinterpretation eines zweigeschossigen Vierkanters, der wohl zu den ältesten Wohnformen der Menschheit zählt.

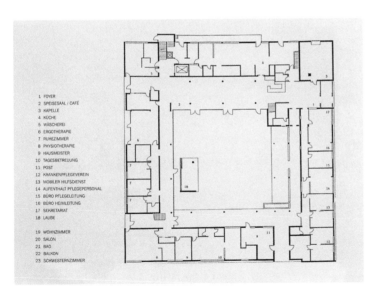

1 FOYER
2 SPEISESAAL / CAFÉ
3 KAPELLE
4 KÜCHE
5 WÄSCHEREI
6 ERGOTHERAPIE
7 RUHEZIMMER
8 PHYSIOTHERAPIE
9 HAUSMEISTER
10 TAGESBETREUUNG
11 POST
12 KRANKENPFLEGEVEREIN
13 MOBILER HILFSDIENST
14 AUFENTHALT PFLEGEPERSONAL
15 BÜRO PFLEGELEITUNG
16 BÜRO HEIMLEITUNG
17 SEKRETARIAT
18 LAUBE

19 WOHNZIMMER
20 SALON
21 BAD
22 BALKON
23 SCHWESTERNZIMMER

Im Erdgeschoß befinden sich
die medizinische Versorgung und einzelne Untersuchungsräume
sowie Küche, Speisesaal und das Postamt
des Quartiers.

Das galerieartige Obergeschoß beherbergt
neben den Wohnräumen kleine Loggien
und Kommunikationsbereiche.
Damit entsteht ein ausgewogenes Verhältnis
zwischen privaten und gemeinschaftlichen
Raumangeboten.

Roland Gnaiger | 1951

Vetterhof

Lustenau | Vorarlberg | 1996

www.nextroom.at/building.php?id=2650

*Ich bin persönlich gewissermaßen berührt von diesem Freilandstall,
denn meine Diplomarbeit 1953 hatte das Thema »Freilandhof«, der
abgewandelt später in Oberösterreich auch gebaut wurde. Damals galt
es als revolutionärer, wenn nicht verrückter Gedanke, die Kühe im
Winter im Freien zu lassen. Aber da sie im Herbst bereits lange Haare
bekamen, fühlten sie sich in der Kälte erstaunlich wohl, außerdem
konnten sie ja auch jederzeit in den Stall zurück.*

**Der Vetterhof zeugt von einer kongenialen Beziehung
von Bauherr und Architekten:
Der »Hof« ist mehr als ein konventioneller landwirtschaftlicher Betrieb.
Er vereint Wohnen, Wirtschaften, Leben mit Tieren und auch
den Vertrieb von Produkten, verbunden mit einer Ausbildungsstätte
für ökologisch interessierte Jungbauern und Konsumenten
der am Hof erzeugten Produkte.**

Durch einen zusätzlichen Verkaufsraum
wurde die Möglichkeit geschaffen, eigene und zugekaufte Bioprodukte
zusammen mit optimaler Information über die Ware
zu vertreiben.

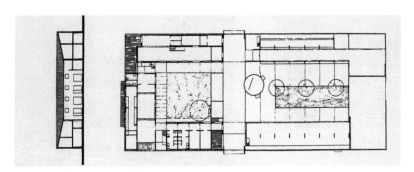

Für den Typus eines »hochindustrialisierten« landwirtschaftlichen Gutes
griff Roland Gnaiger zurück auf das Modell eines voralpinen Streckhofs,
mit dem Unterschied, dass die Reihung der Raumfunktionen
heutigen Ansprüchen genügt.
So befinden sich etwa im vorderen Wohnteil
auch Seminarräume und Unterkünfte für Gäste
und der Wirtschaftstrakt
geht in einen Freilandstall über.

Der Freilandstall ist verbunden mit dem Futtergang und dem Melkstand. Die Rinder können von dort
sowohl in den Stall als auch ins Freie gehen.

Der Wohnhof ermöglicht nicht nur einen Außenraumbezug über eine Terrasse für die Wohn-, sondern auch für die Seminarräume.

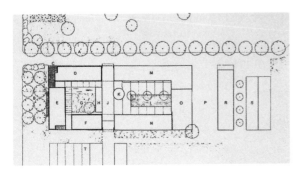

Volker Giencke | 1947

Glashäuser des Botanischen Instituts

Graz | Steiermark | 1991–95

www.nextroom.at/building.php?id=2379

**Volker Giencke war ein eigenständiger Vertreter der sogenannten »Grazer Schule«
und wurde später Professor an der Technischen Universität Innsbruck.
Die Glashäuser beherbergen drei Klimazonen,
die aus gleichen Parabelbögen konstruiert sind und nur
durch ihre unterschiedlichen Größen
räumlich verschiedene Hallenvolumen ergeben.**

Durch die einfache konstruktive Entscheidung, die Parabelbögen in unterschiedlichen Höhen abzuschneiden, schuf der Architekt variantenreiche Raumeindrücke.

Auf zwei Ebenen führen Stege und Brücken durch die Glashäuser, und erlauben die spannendsten Einblicke in die Pflanzenwelt.

Peter Zumthor | 1943

Kunsthaus Bregenz

Vorarlberg | 1991–97

www.nextroom.at/building.php?id=2711

*In einer Ausstellung von Olafur Eliasson wurde der Raum eingenebelt
und es entstand eine merkwürdige Körperlichkeit der Luft. Dieser
Effekt zeigte, wie vielfältig nutz- und »dehnbar« Zumthors Räume
sein können, ohne daraus ein Spektakel zu machen.*

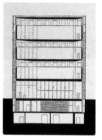

**Das Gebäude hat zwei Unter- und vier
Hauptgeschosse. Das Licht wird mit einer
raffinierten Konstruktion »entlang«
der Decken in die tiefen Räume geführt.**

**Nicht nur die schmalen Treppenaufgänge bleiben
durch die opaken Fassaden sichtbar, man kann generell behaupten,
das ganze Haus »redet« mit der Stadt.**

Der Entwurf zum Kunsthaus Bregenz, direkt an der Promenade
des Bodensees, war das Ergebnis eines Wettbewerbs,
den Peter Zumthor gewann. Das aufgeständerte Prisma ist ein
metaphorischer Hinweis auf einstige Pfahlbauten.

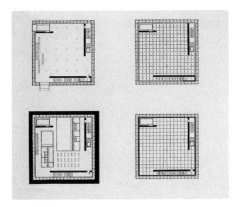

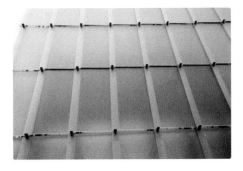

Die Betonwände sind durch ihre Abkoppelung von der Glashaut frei organisierbar. Die tangential liegenden Aufgänge bilden eine schmale Raumschicht.

Man betritt also die geschlossen wirkenden und konzentrierenden Ausstellungsräume nicht frontal, sondern »schleicht sich raumschonend« in sie hinein.

Die Fassade besteht aus geätzten, transluzenten Glastafeln, die mit einem Abstand von circa einem halben Meter vor dem Betonkörper montiert sind.

Dadurch wird die transparente Leichtigkeit des Baukörpers auch in seiner räumlichen Tiefe betont.

Erdgeschoß und Eingangshalle wirken offen und kontaktfreundlich, sie sind auch als Teil der Stadt erlebbar.

Das reine Oberlicht konzentriert den Blick auf die Kunstwerke,
die grauen Sichtbetonwände
bilden einen unaufdringlichen Hintergrund.

Günther Domenig | 1934–2012
Ausstellungszentrum
Heft bei Hüttenberg
Kärnten | 1993–95

www.nextroom.at/building.php?id=2364

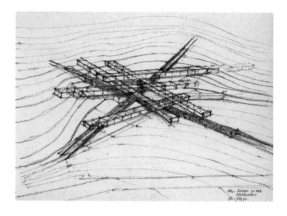

Anlässlich einer Kärntner Landesausstellung entwickelte Günther Domenig auf den Ruinen des Eisenhüttenwerks in Hüttenberg eine Ausstellungsstruktur, die metaphorisch die unterirdischen Stollen baulich sichtbar und als Ausstellungsräume nutzbar machte.

Unter den Ruinen liegt ein kompliziert verzweigtes Netz
von Stollen aus der Zeit der Erzgewinnung,
welche aber für Ausstellungszwecke unbrauchbar waren.

Der unmittelbare Bezug zu den unterirdischen Stollen ergab in Verbindung mit den oberirdischen Ruinen ein merkwürdiges, ja fantastisches Gebilde aus Plätzen, Wegen, Stegen und Brücken, die zur Wanderung durch die Ausstellung einluden. Die schwere, in der Finsternis wirkende Arbeit wurde ans Licht gebracht und durch die Ausstellungsstücke illustriert.

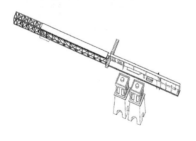

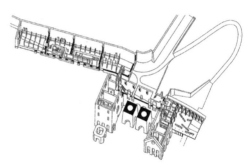

Die Passerellen führten auch zu Aussichtspunkten
und machten die alte Kulturlandschaft von Hüttenberg
zum besonderen Erlebnis.

Einzelne Relikte
aus der Erzge-
winnung, wie
beispielsweise
Hochöfen,
wurden zugäng-
lich oder ein-
sehbar gemacht.

Die Kuratoren der Ausstellung zeigten in dieser verräumlichten Geschichte Gegenstände aus dem Leben der Bergleute, bis zum Mobiliar ihrer dürftigen Wohnungen.

Nach dem Ende der Ausstellung wurden die Einzelstücke verstreut und eine weitere Nutzung der Anlage, etwa als Museum, konnte nicht verwirklicht werden. Bereits nach drei Jahren begann das Gerüst zu rosten. Ein weiterer Prozess des Verfalls begann. Das Problem der Erhaltung hochkarätiger, aber temporärer Architektur bleibt ungelöst.

Friedrich Kurrent | 1931

Maria-Biljan-Bilger-Ausstellungshalle Sommerein

Niederösterreich | 1995–2004

www.nextroom.at/building.php?id=17403

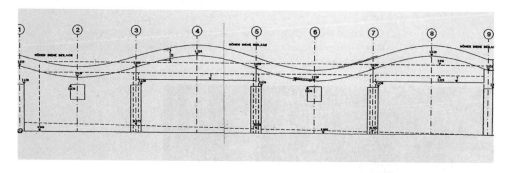

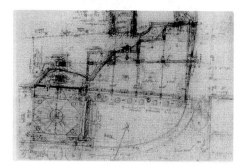

Maria Biljan-Bilger, eine der bedeutendsten Bildhauerinnen
und Keramikerinnen Österreichs,
hatte eine starke Beziehung zu den Kulturen Südosteuropas
und des vorderen Orients.
Ihr Mann, Friedrich Kurrent, baute nach ihrem Tod
am Leithagebirge eine Kunsthalle,
die man in Material und Konstruktion auch als eine Hommage
an ihr Werk bezeichnen könnte.

Außerdem nahm der Entwurf eine starke Beziehung zum Ort auf,
die sich auch in der Berührung der Halle
mit dem Gelände ausdrückt.

Die archaisch wirkende Halle mit »unverglasten Fenstern« zeigt mehrfache Beziehungen: Zu allererst zum Werk der Künstlerin, ihren sinnlichen Materialbezug (Stein, Keramik, Textil), zur unmittelbaren Umgebung (Steinbruch und Weinkeller) und zu geschätzten historischen Baukulturen wie zu heutigen Gewölbekonstruktionen.

Für die Errichtung der Steinmauern wurden, aus Mangel an österreichischen Fachkräften, türkische Maurer engagiert, was zusätzlich auf eine uralte Beziehung von ost- und mitteleuropäischen Handwerkskulturen hinweist.

Der Innenraum ist geprägt von der geschwungenen Dachlandschaft, einem hyperbolischen Paraboloid, erzeugt von »Mann-an-Mann« verlegten Stahlbeton-|Ziegelbalken.

Eine Erinnerung an die kleine Schule bei der Sagrada Familia in Barcelona von Antoni Gaudí.

Die Halle wurde als sogenannter Kaltbau ausgeführt, wodurch technische Installationen wegfielen.
Die durch Blechlamellen schließbaren Lichtöffnungen zeigen, dass die Halle nur dem Schutz der Objekte dient.

Der Sandsteinbruch und die Halle bilden eine Einheit,
und die Arbeiten von Maria Biljan-Bilger vervollständigen
die Harmonie des Ortes.

Jedes Jahr am 1. Mai, dem Todestag von Maria Bilger, finden
Veranstaltungen mit Konzerten oder Lesungen statt. Ein Festtag
für Sommerein und eine Gelegenheit des Zusammenseins für
den großen Freundeskreis und die Schätzer und Schätzerinnen
der Künstlerin.

Peter Riepl | 1952
Gabriele Riepl | 1954

Hösshalle Hinterstoder
Oberösterreich | 1998–2002

www.nextroom.at/building.php?id=2284

Ursprünglich als Pressezentrum für eine alpine Großveranstaltung (Skirennen) erbaut, erweist sich die Hösshalle als vielfältiger Veranstaltungsort und als enorme kulturelle Aufwertung des Ortszentrums. In unmittelbarer Nähe der Kirche gibt es einen Geländesprung, den aber die Architekten als räumliche Chance und Herausforderung erkannten.

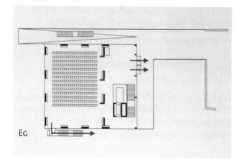

Eine lange Rampe erschließt das Gebäude auf der gegenüberliegenden Seite und ermöglichte die Anlage einer großen Terrasse gegenüber der Kirche.

Der schwebend wirkende Holzbau macht aus dem Geländesprung eine landschaftliche »Tugend«, das Volumen gleicht sich dem örtlichen Maßstab an, verbindet beide Niveaus und gibt den Erschließungsräumen, den Terrassen und dem Saal überraschende Ausblicke.

Besonders im Obergeschoß schafft die kirchenseitige Terrasse (für Aufenthalt in den Pausen) einen besonderen Kontakt zur großartigen landschaftlichen Szenerie.

Maximilian R. Luger | 1958
Franz Josef Maul | 1954

Seebad Häupl

Attersee | Oberösterreich | 1991

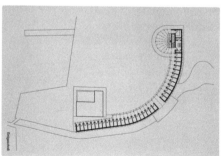

Max Luger und Josef Maul ist es gelungen, auf hohem Niveau nicht nur an die bis ins 19. Jahrhundert zurückreichende Bade- und Ferienarchitektur anzuschließen, sondern das Thema in vielen Beispielen und Varianten neu und eigenständig zu formulieren.

Der begleitende Laubengang ist eine sensible, fast schmückende Zone
der Berührung von Architektur und Natur.

Das Seebad Häupl schuf durch einen großen Bogen
der Kabinen- und Versorgungsbauten einen ausgreifenden und ebenso abgegrenzten Freiraum
als Liegewiese, der sich zum See öffnet.

Roland Gnaiger | 1951
Schule Warth
Vorarlberg | 1990–92

www.nextroom.at/building.php?id=2429

Warth liegt auf über 1500 m Seehöhe und
ist noch geprägt von einer alten, bäuerlichen
Bausubstanz: schlichte Holzhäuser,
ohne Balkone und überflüssigem Dekor.

Mit rund 200 Einwohnern und
3.600 Gästebetten handelt es sich um einen
Tourismusort, der in der Nebensaison
wie ausgestorben wirkte. Fast alle Gasthäuser
waren geschlossen und es gab keinerlei
kulturelles Angebot.

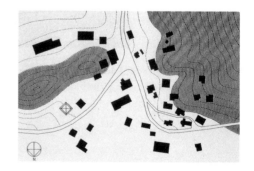

Roland Gnaiger entwarf einen kompakten, würfelförmigen Baukörper an einem sich anbietenden Geländesprung am nordöstlichen Ende des Dorfes, der rückseitig über drei Geschosse im Hang steckt.

Gefordert waren Räume für die einklassige Volksschule, die ebenso einklassige Hauptschule, eine Veranstaltungshalle und ein Turnsaal, ein Musikraum, eine Schulküche und kleinere Räume für Vereine.

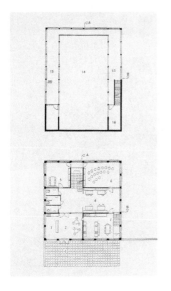

Die mit der Erde (oder Felsen) in Berührung kommenden Hausteile
wurden in Ortbeton, die übrigen Räume in Leichtbauweise
aus Holz errichtet.

Die Schwierigkeiten für einen Neubau
bestanden einerseits in den klimatischen Bedingungen,
einer nur rund drei Monate möglichen Bauzeit,
andererseits stellten auch die topografischen Verhältnisse
eine starke Herausforderung dar.

Die Obergeschosse (mit Rundblick) dienen den beiden Schulen,
mit bergseitigem Festplatz, die drei Untergeschosse,
mit Turn- und Festsaal, vorwiegend kommunalen Nutzungen.

Die Funktionen der sehr unterschiedlichen
Geschosse sind auch an den Fassaden ablesbar.

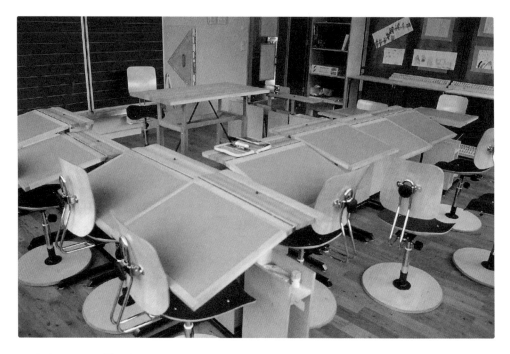

Auch der Entwurf für die Einrichtung war für den Planer eine Herausforderung:
Das unterschiedliche Alter der SchülerInnen verlangte verstellbare Tische und Stühle,
die verschiedenen Jahrgänge Platz für variable Gruppenbildungen.

Die zweigeschossige Turnhalle mit Galerie ist als
vielseitig nutzbarer Mehrzweckraum ausgestaltet.

Durch die geringe Zahl der Schüler sind in den Klassen jeweils vier Jahrgänge,
was für den Lehrer, die Lehrerin eine größere Herausforderung ist,
für die Kinder selbst (indem die jüngeren von der älteren lernen) ein Vorteil sein kann.

*Ich behaupte, dass Menschen, die in einer wunderschönen Landschaft
leben, durch Gewohnheit ästhetisch nicht so sensibilisiert sind wie
etwa Städter, die selten ins Gebirge fahren. Wenn ein Fenster durch den
Ausblick zum »Bild« wird, kann dadurch pädagogisch eine besondere
Aufmerksamkeit auf die Natur erzeugt werden.*

Helmut Richter | 1941–2014

Schule Kink-Platz

Wien | 14. Bezirk | 1992–95

www.nextroom.at/building.php?id=2381

Als ich einmal mit StudentInnen die Schule besuchte, begegneten wir einem Schulwart, der sich nicht gleich über die großen Glasflächen beschwerte, sondern eine große Begeisterung über die Architektur und die hellen Räume zeigte. Danach besuchten wir einen anderen Schulneubau mit ganz konventionellen Fenstern und der Schulwart schimpfte sofort über das viele Glas und das schwierige Fensterputzen. Seitdem hat sich die Architekturkritik von Schulwarten in unseren Köpfen etwas relativiert.

Helmut Richter war in seinen Bauten extrem an luzenten Raumschöpfungen und damit an Leichtkonstruktionen aus Glas und Stahl interessiert. Die Schule ist geradezu ein Paradebeispiel für diese Architekturhaltung.

Die transparenten Baukörper (Klassentrakte, Turnhallen) gehen mit den Außenräumen eine totale Verbindung ein. Die Eingangshalle erschließt drei Klassentrakte und eröffnet einen Blick in die großen, abgesenkten Turnhallen, so dass man sich gleich beim Betreten des Hauses mit dem »Leben der Schule« verbunden fühlt.

Die Klassentrakte sind offenen Höfen zugeordnet, die verschiedenen Unterrichtszwecken dienen.

535

Es gibt aber auch ein ernstzunehmendes Problem:
das ist die Hellhörigkeit und Schallempfindlichkeit des ganzen Hauses,
besonders durch die Lärmquellen der Turnhallen.

ARTEC Architekten
Richard Manahl | 1955
Bettina Götz | 1962

Volksschule Zehdengasse
Wien | 21. Bezirk | 1993–96

www.nextroom.at/building.php?id=2678

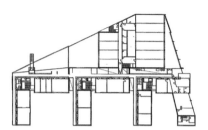 

Die Schule liegt an einem Geländesprung zwischen Josef-Bohmann-Hof, Aderklaaer Straße und einer Schrebergartensiedlung in einer schwierigen städtebaulichen Situation.

Daraus ergibt sich ein langgestreckter Bau
mit einer großzügigen, zweigeschossigen,
langen, von oben belichteten Eingangshalle,
an der straßenseitig ein Speisesaal
und eine Turnhalle liegen und nach Westen
drei Klassentrakte mit offenen Höfen.

Alle Innenräume zeichnen sich durch gute
Beziehungen zum Außenraum aus.
Ein besonderes Charakteristikum ist neben
der Lichtführung die natürliche Materialität,
eine unaufdringliche Farbenfreudigkeit
und ein kinderfreundliches Design.

Franz Riepl | 1932

Fleischmanufaktur Gallneukirchen

Oberösterreich | 1994–96

www.nextroom.at/building.php?id=2678

Gerade im Industriebau geht die Architektur eine besondere Beziehung zum Geräthaften ein. Besonders in der Fleischindustrie spielt die Hygiene sowohl faktisch als auch symbolisch eine große Rolle.
¶ *Die extreme Funktionalität von Maschinen oder Geräten kann auch für Unkundige zu surrealen Irritationen verleiten, sie können sich in plastische »Monster« verwandeln.*

Horizontale Linien, Durchlässigkeit der Baukörper und Ablesbarkeit der Funktionen sind wirksame Faktoren der Integration von kleinen Industriebauten in die Landschaft.

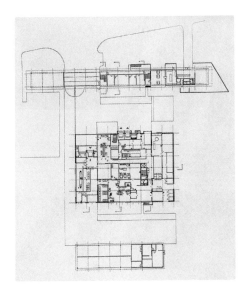

Franz Riepl machte die Funktionen von Empfang, Verwaltung und Produktion zu einer logischen, einfach verständlichen, aufeinander bezogenen Raumeinheit.

Der pavillonartige Empfangsbereich mit Verwaltung, hat eine direkte Blickbeziehung zur Produktionshalle.

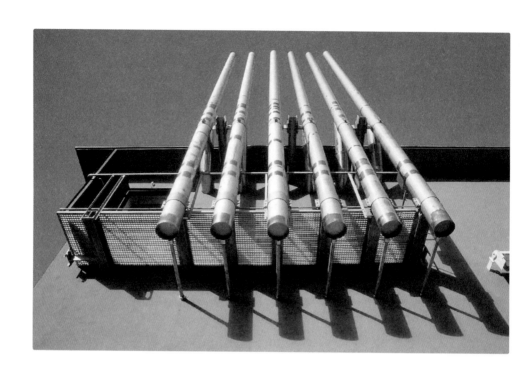

Durch die präzise Reduktion aller Details auf ihre Leistung
entsteht eine eigene Ästhetik, die letzten Endes die Atmosphäre
eines Betriebes abbilden kann.

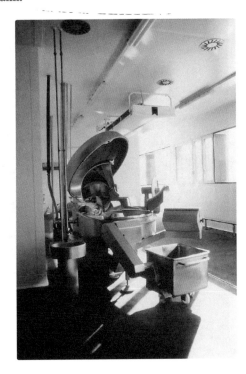

Heinz Tesar | 1939
Donau-City-Kirche
Wien | 22. Bezirk | 1998–2000

Tesars Architektur zeigt eine vielfältige Beziehung zur Erinnerung an unterschiedliche Baukulturen, neu wahrgenommen und transformiert, ohne in historistische oder gar eklektizistische Fallen zu tappen. So stehen seine Arbeiten in der besten Wiener Tradition eines erweiterten, undoktrinären Architekturbegriffs.

Die unmittelbare Auseinandersetzung mit dem Bauplatz führte jedoch zu einem sensiblen Dialog zwischen »Innenwelt und Außenwelt«, und damit zu einem der eindrucksvollsten Sakralräume Wiens aus dem Ende des 20. Jahrhunderts.

Tesars Kirchenbauten liegen im Spannungsfeld
von katholischer Sinnlichkeit und protestantischer Spiritualität.
Eine zentrale Rolle spielt der Umgang mit dem Licht,
die atmosphärische Beziehung von Innen- und Außenraum,
von Geometrie und deren Auflösung, ja Irritation,
Materialwirkung sowie deren Koppelung
an die Raumfiguren.

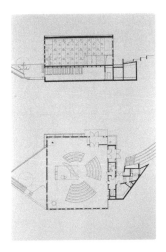

Der Standort der Kirche in einer städtebaulich undefinierten Situation
erforderte räumlich keine zwingenden Bezugslinien. Tesar wählte
daher symbolische Orientierungspunkte, etwa den Stephansdom und
andere Wiener Hauptkirchen.

Nachwort

Dietmar Steiner

Direktor Architekturzentrum Wien, Jänner 2015

Es gibt bekanntlich drei Existenzen von Friedrich Achleitner, die seine im vorliegenden Band dokumentierte integrative Persönlichkeit als Lehrer seit bald fünfzig Jahren speisen: den Schriftsteller, den Architekturkritiker und -theoretiker sowie den Autor des Führers zur österreichischen Architektur im 20. Jahrhundert. Natürlich sind diese drei Rollen, in einer Person verbunden, nicht immer klar voneinander unterscheidbar. Es wird noch viele Forschungsarbeiten und Analysen geben müssen, um die Interferenzen dieser drei Existenzen im Schaffen von Friedrich Achleitner aufzuklären.

¶   Einzigartig in Methode und Resultat ist jedenfalls seine Arbeit am österreichischen Architekturführer mit dem Ergebnis eines ebenso umfassenden wie einzigartigen Archivs zur Architektur des 20. Jahrhunderts in Österreich. Beginnen wir mit dem Ergebnis, mit 22.340 Karteikarten zu Objekten, 2.690 Dateien zu Architekten, 66.500 Foto-Negativen, 37.800 Dia-Positiven, 13.800 Fotoabzügen, 570 Plandarstellungen, 250 Begehungsplänen und über 1.000 Büchern, Broschüren, Katalogen, Zeitschriften.

¶   Dieses Archiv hat Achleitner seit 1965, als er mit der Arbeit am »Führer« begann, in unermüdlicher Arbeit angesammelt. Nicht wirklich beabsichtigt. Eher sind es Ablagerungen seiner eigentlichen Arbeit, die wichtigen Objekte zu selektieren, zu bewerten, zu beschreiben und zu publizieren. Die Bücher erschienen in unterschiedlich großen Intervallen von 1980 bis 2010. Der 1. Band rollte mit Vorarlberg, Tirol, Salzburg, Oberösterreich die Baugeschichte Österreichs von Westen her auf. Der 2. Band erschien 1983 mit Kärnten, Steiermark, Burgenland. Beide Bände hat Achleitner weitgehend selbst finanziert, nur geringe Unterstützung durch Forschungsaufträge haben die Recherchen entlastet. Duldsam begleitet wurde er dabei in den ersten Jahrzehnten vom legendären Verleger des Salzburger Residenz Verlags, Wolfgang Schaffler, mit dem er 1965 den Vertrag ausfertigte, der den Abschluss des Unterfangens mit 1968 fixierte.

¶ Doch dem straffen Zeitplan stand die Methodik der Arbeit von Achleitner entgegen. Schon am Beginn entschied er sich für die Primärforschung der Architektur des 20. Jahrhunderts. Es gab auch keine andere Möglichkeit, da die kunstgeschichtliche Forschung zu dieser Zeit die zeitgenössische Architektur ignorierte. Also ging er in die zeitaufwendige Feldforschung. Jede Stadt, jede Gemeinde, jeder Weiler wurden befahren, nach architektonischen Merkwürdigkeiten erforscht, fotografiert und in den lokalen Bauarchiven und mit sonstigen Quellen verifiziert.

¶ All diese Befahrungen und Erkundungen waren von Achleitners obsessivem Blick dominiert. Es gab keine »objektiven Kriterien« der Beurteilung und Bewertung der Objekte. Es war vielmehr eine Form der akkumulierten Erfahrung, die sich an lokalen kulturellen Entwicklungen orientierte. Weshalb das Achleitner-Archiv eine kulturanthropologische Dimension hat, die jenseits von Meisterwerken der Architekturgeschichte, ohne diese auszuschließen, auch die Alltagsproduktion von Architektur, wir nennen sie häufig Baukultur, versammelt. Erstmals hat Achleitner beispielsweise die Entwicklung der Industriearchitektur und die der Arbeitersiedlungen dokumentiert.

¶ Wie kann man sich nun diese Primärforschung konkret vorstellen? Sie wurde geradezu generalstabsmäßig geplant. Zuerst wurden die jeweiligen Touren der Befahrungen festgelegt, erste Karteikarten von bemerkenswerten Bauten aus der Literatur generiert. Die erste Befahrung erfolgte dann mit Tagebuch und Fotoapparat. Die verifizierten und neu gefundenen Objekte wurden in die Kartei übertragen, eine erste Auswahl erfolgte. Dann ging es in die Archive. Meist in städtische Bauarchive, aber auch in Archive von Baufirmen und zu anderen Quellen. So konnten die Daten der Objekte verifiziert werden. Dem folgte nun eine weitere Befahrung und Besichtigung, um sich der Auswahl zu vergewissern. Die so entstandenen Karteikarten mit vielen handschriftlichen Notizen, mit Kontaktabzügen der Fotos, oftmals auch mit Kopien von Dokumenten haben allein schon über das Dokumentarische hinausgehenden künstlerischen Wert. Nicht zu vergessen auch all die neu gezeichneten historischen Pläne, die für die Publikation ausgewählt wurden. Denn Pläne aus öffentlichen Bauarchiven sind technische Belege für den jeweiligen Bau. Sie konnten damals nur mühselig in vielen Einzelteilen kopiert, mussten dann zusammenmontiert werden, und für den Druck nochmals neu durchgezeichnet werden.

¶   Die Bücher selbst entstanden ebenfalls nach einer ausgeklügelten Methode. Achleitner produzierte Formblätter mit Satzspiegel, die proportional zur künftigen gedruckten Ausgabe für die Typographie seiner IBM Kugelkopfmaschine passten. Auf diesen Formblättern legte er penibel fest, welches Objekt wie viele Spalten oder Seiten, wie viele und welche Abbildungen und welchen Textanteil erhalten wird. Die Hierarchie der von Achleitner zugeschriebenen Bedeutung der jeweiligen Objekte teilte sich somit auch im Layout mit.

¶   Ab 1983, Achleitner erhält endlich einen komfortablen Lehrstuhl an der Hochschule für angewandte Kunst, begann die Arbeit an Wien. Schon bald erkannte er, dass Wien mit *einem* Band nicht »erledigt« werden könnte. Über die Jahrzehnte hatte er seine Erhebungsmethoden sosehr verfeinert, dass er sich langsam dem guten Rat seines Freundes, des Künstlers Dieter Roth, annäherte, der ihm schon am Beginn der Arbeit empfahl, doch einfach alle Bauten Österreichs in den »Führer«aufzunehmen.

¶   Es erscheint, mit der Hilfe von recherchierenden Mitarbeiterinnen, 1990 der erste Wien-Band, 1995 der zweite. Aber Ende der 1990er Jahre nahte auch die Emeritierung. Achleitner geriet in Panik. Was geschieht mit dem Archiv, wenn ich nicht mehr an der Angewandten bin? Wenn der oder die Nachfolgerin einfach all das eigentlich mit viel Aufwand privat erarbeitete Wissenspotenzial in den Keller räumt oder einfach entsorgt?

¶   Eine realistische Perspektive, denn Lehrstühle an Hochschulen sind keine Archive. Deshalb fragte er damals das Az W Architekturzentrum Wien, ob es nicht Interesse hätte, das Archiv der österreichischen Architektur des 20. Jahrhunderts zu übernehmen. So begannen die Gespräche mit der Stadt Wien über einen Ankauf. Dass dieses Archiv einen einzigartigen und unwiederbringlichen Wert darstellte, war allen Beteiligten klar. Aber welchen »Wert« hat diese Arbeit, die keinen privaten Handelswert hat, sondern nur vom öffentlichen Interesse gewürdigt werden kann ?

¶   Es gab dann zum »Wert« des Archivs unterschiedliche Gutachten. Astronomisch war jedenfalls die kalkulierte Summe, die eine komplette Neuerstellung verschlungen hätte. Wir einigten uns mit der Stadt Wien letztlich auf einen Betrag, mit dem sich Achleitner ein Atelier für die weitere Arbeit am Archiv kaufen konnte und der Großteil der Summe 15 Jahre lang angelegt wurde, aus deren Erträgen die Arbeiten im Archiv des Az W finanziert werden konnten. Friedrich Achleitner wurde dadurch zum größten Sponsor des Az W in diesen vergangenen Jahren. Zudem finanzierte die Stadt Wien auch die Digitalisierung von Achleitners Karteikarten.

¶   Im Jahr 2010 erschien der dritte und letzte Band zu Wien. Achleitner beendete die Arbeit am Architekturführer und widmete sich wieder der Literatur. Niederösterreich blieb unbearbeitet. Aber es wäre nicht Österreich, wenn Achleitners Führer nicht unvollendet geblieben wäre.

Friedrich Achleitner

Biografie

Geboren 1930 in Schalchen, Oberösterreich. Studium an der Akademie der bildenden Künste Wien. Architekt, Architekturhistoriker und -kritiker, Schriftsteller. Zwischen 1955 und 1964 gemeinsame Arbeiten und Aktionen mit H. C. Artmann, Konrad Bayer, Gerhard Rühm, Oswald Wiener innerhalb der informellen Gruppierung »Wiener Gruppe«. Vertreter der Konkreten Poesie und modernen Dialektdichtung. Essays zum Stadtleben.

¶ Als Architekt nur wenige Realisierungen, unter anderen mit Johann Georg Gsteu. In den 60er bis in die 70er Jahre regelmäßige Architekturkritiken in den Tageszeitungen *Abend-Zeitung* und *Die Presse*. Unterrichtet Architekturgeschichte an der Akademie der bildenden Künste 1963–1983. In der Folge bis 1998 Professor und Vorstand der Lehrkanzel für Geschichte und Theorie der Architektur an der Hochschule (heute Universität) für angewandte Kunst in Wien. Ab 1965 Arbeit an einem Führer zur *Österreichischen Architektur im 20. Jahrhundert* in mehreren Bänden, die im Jahr 2010 mit dem dritten Wien-Band abgeschlossen ist.

¶ Hunderte Buchbeiträge, Zeitungs- und Zeitschriftenartikel, Kritiken, Reden, Vorworte, Nachrufe und Würdigungen, deren bibliografische Aufarbeitung noch aussteht.

¶ Zahlreiche nationale und internationale Preise und Auszeichnungen, zuletzt Österreichisches Ehrenkreuz für Wissenschaft und Kunst I. Klasse (2014). Lebt als Architekturpublizist und Schriftsteller in Wien.

Einzelpublikationen

Belletristik

- *hosn rosn baa.* Dialektgedichte mit H. C. Artmann und Gerhard Rühm. Frick, Wien 1959
- *schwer schwarz.* Gomringer, Frauenfeld 1960
- *prosa, konstellationen, montagen. dialektgedichte, studien. Gesammelte Texte.* Rowohlt, Reinbek 1970
- *quadrat-roman & andere quadrat-sachen; 1 neuer bildungsroman 1*
- *neuer entwicklungsroman etc. etc. etc.* Luchterhand, Darmstadt–Neuwied 1973 (NA Zsolnay, Wien 2007)
- *Super-Rekord 50 + 50.* Mit Gerhard Rühm. Edition Neue Texte, Linz 1990
- *kaaas. Dialektgedichte.* Residenz, Salzburg–Wien 1991
- *Die Plotteggs kommen. Ein Bericht.* Sonderzahl, Wien 1996
- *einschlafgeschichten.* Zsolnay, Wien 2003
- *wiener linien.* Zsolnay, Wien 2004
- *und oder oder und.* Zsolnay, Wien 2006
- *der springende punkt.* Zsolnay, Wien 2009
- *iwahaubbd. dialektgedichte.* Zsolnay, Wien 2011
- *wortgesindel.* Zsolnay, Wien 2015

Architektur-Schriften

- *Lois Welzenbacher 1889–1955.* Mit Ottokar Uhl.
  Residenz, Salzburg 1968
- *Die Ware Landschaft. Eine kritische Analyse des Landschaftsbegriffs.*
  Hg. v. F. Achleitner Residenz, Salzburg 1978², NA 1992
- *Österreichische Architektur im 20. Jahrhundert. Band I: Oberösterreich,*
  Salzburg, Tirol, Vorarlberg. Residenz, Salzburg–Wien 1980
- *Österreichische Architektur im 20. Jahrhundert. Band II: Kärnten,*
  Steiermark, Burgenland. Residenz, Salzburg–Wien 1983
- *Nieder mit Fischer von Erlach. Architekturkritik.*
  Residenz, Salzburg–Wien 1986
- *Aufforderung zum Vertrauen. Aufsätze zur Architektur.*
  Residenz, Salzburg–Wien 1987
- *Österreichische Architektur im 20. Jahrhundert. Band III/1:*
  Wien 1.–12. Bezirk. Residenz, Salzburg–Wien 1990
- *Die rückwärtsgewandte Utopie: Motor des Fortschritts in der Wiener*
  Architektur? [Wiener Vorlesungen im Rathaus Band 29].
  Picus, Wien 1994
- *Österreichische Architektur im 20. Jahrhundert. Band III/2:*
  Wien 13.–18. Bezirk. Residenz, Salzburg–Wien 1995
- *Wiener Architektur. Zwischen typologischem Fatalismus und*
  semantischem Schlamassel. Böhlau, Wien–Köln–Weimar, 1996
- *Region, ein Konstrukt? Regionalismus, eine Pleite?*
  Birkhäuser, Basel–Boston–Berlin 1997
- *Ottokar Uhl – Architekt und Ermöglicher.* Mit Michael Athanassiadis
  und Herbert Muck. [Wiener Vorlesungen im Rathaus Band 90].
  Picus, Wien 2002
- *Österreichische Architektur im 20. Jahrhundert. Band III/3:*
  Wien 19.–23. Bezirk. Residenz, St. Pölten–Salzburg 2010
- *Den Toten eine Blume. Die Denkmäler von Bogdan Bogdanovic.*
  Zsolnay, Wien 2013 (englische Ausgabe: Park Books, Zürich 2013)

Register

Copyright © 2015
Birkhäuser Verlag GmbH, Basel
Postfach 44, 4009 Basel, Schweiz
Ein Unternehmen von Walter de Gruyter GmbH
Berlin | München | Boston

**Library of Congress
Cataloging-in-Publication data**
A CIP catalog record for this book has been
applied for at the Library of Congress.

**Bibliografische Information
der Deutschen Nationalbibliothek**
Die Deutsche Nationalbibliothek verzeichnet
diese Publikation in der Deutschen National-
bibliografie; detaillierte bibliografische
Daten sind im Internet über *http://dnb.dnb.de*
abrufbar.

Dieses Buch ist auch als E-Book erschienen
ISBN PDF 978-3-0356-0222-7
ISBN EPUB 978-3-0356-0249-4

Erste Auflage
2000 Exemplare im Mai 2015

Printed in Austria
ISBN 978-3-0356-0280-7

9 8 7 6 5 4 3 2 1
www.birkhauser.com

Herausgeber
Kunstuniversität Linz | Roland Gnaiger
die architektur

Fotografien
Friedrich Achleitner
Architekturzentrum Wien | Sammlung

Die Plandarstellungen, Zeichnungen und
Modellfotos stammen aus den Archiven der
jeweiligen Architekturbüros und sind Teil
des Achleitner-Archivs im Architekturzentrum
Wien. Bis auf die Abbildungen der Projekte
von Roland Rainer, Oswald Haerdtl und Karl
Schwanzer sind sämtliche Fotos Aufnahmen
von Friedrich Achleitner. Herzlichen Dank
an das Az W, Sammlung für die Übertragung
der Bildrechte für diese Publikation. Sollten
darüber hinaus berechtigte Ansprüche
bestehen, bitten wir, sich mit dem Herausgeber in Verbindung zu setzen.

Lektorat
Claudia Mazanek
Gabriele Kaiser

Gestaltung
Clemens Theobert Schedler
Büro für konkrete Gestaltung
mit Stephan Pfeffer

Schrifttype
Alda, entworfen von Berton Hasbe,
erschienen 2011 bei Emigre

Bildbearbeitung und Druckvorstufe
Boris Bonev
PrePress & PrintService

Druck und Bindung
Druckerei Theiss

Papier
Surbalin glatt, diamantweiss, 115 g
Salzer Design white, 80 g
FSC Forest Stewardship Council
PEFC Programme for the Endorsement
of Forest Certification Schemes

Der Herausgeber dankt
der Druckerei Theiss und Salzer Papier
für die freundliche Unterstützung
dieser Publikation.